JN026235

日本の「英文法」ができるまで

斎藤 浩一

研究社

まえがき

　本書のテーマは「学習英文法」である。この「学習英文法」という言葉
じたい、必ずしも人口に膾炙しているものとはいえないが、本書が意味す
るのは、現代言語学でいうところのいわゆる日本の「学校文法」のこと、
あるいは英語教育の文脈でいえば、われわれが通常日本の学校で英語を学
ぶときに慣れ親しむ、かの「伝統的」で「規範的」な英文法のことである。
そして本書は、この「学習英文法」なるものの過去、とりわけ幕末から明
治時代におけるそれを一般向けの読み物として紹介するものである。

　といっても、読者の方々にはピンと来ないかもしれない。なぜなら、突
然、「幕末・明治期を中心とする学習英文法の歴史」といわれても、そも
そもなぜそのような過去に注目するのか判然としないからである。よって
以下、本書がなぜそのような時代を扱おうとするのか簡単に説明しておき
たい。これは本書がこれから取り組もうとする2つの問題に関わっている。

　まず、現代のわれわれが学ぶ「学習英文法」の体系内容は、そもそもい
つ、誰によって、そしてどのような過程と動機づけでもって作られたのか
という問いである。われわれの多くは英語を学ぶとき、「関係代名詞」や
ら「分詞構文」やら「話法」やら、多くの概念や規則群を学ぶはずである。
しかし、そもそもこうした体系は何なのであろうか。いったいどこから
やってきたものなのであろうか。

　じつは日本において、この「学習英文法」の体系が一応の完成を見たの
は明治時代の後期であったとされている。しかもそれは突如として恣意的
に作られたのではなく、主として幕末以降、およそ50年の歳月をかけて
ゆっくりと作られていったものであった。よってこうしたプロセスを捉え
るためには、どうしても「幕末」や「明治」に注目しなければならないわ
けである。

　さらに、これにつづく2つ目の問いとは次のようなものである。すなわ
ち、この間の人々が英文法をどのように捉え、かつそれをどのように近代
的な学校教育のなかに位置づけていったのかというものである。

　いうまでもなく、前近代的な江戸時代において、近代的な「学校教育」

制度は存在しなかった。したがって「学校」での「英語教育」という概念も存在しなかった。幕末から少なくとも明治中期あたりまでは「英学」という呼び方が通常であり、そのうえに段々と近代化の波が押し寄せていった結果、明治の末年期に「英語教育」なる枠組みが誕生するのである。

　それでは、そもそも「英学」の時代の人々は英文法をどのように捉え、学んでいたのであろうか。また、日本の近代化が進むにつれて、人々の文法観はどのように変化したのであろうか。さらに、やがて登場する「英語教育」において、折しも一応の完成を見たばかりの「学習英文法」はいかなる意味を付与されることになったのであろうか。

　本書はこうした問題意識にもとづき、「幕末・明治」という時代を近代化の過程として捉えたうえで、この間の「学習英文法」体系の成立過程、およびそれをめぐる人々の歴史、とくにそれが黎明期の「英語教育」に包摂されるまでの歴史を総合的に叙述していくものである。

　本書の内容は、筆者がかつて執筆した修士論文（2009）と博士論文（2014）にもとづいている。すなわち本書は、筆者が20代の大学院生のときに行った学問の成果をまとめたものであるということである。よってまことに汗顔ものであるが、ご笑覧いただければ幸いである。

【凡　例】
・引用文中の旧字体は新字体に改めた。
・引用の原文がカタカナ表記の場合は、原則としてひらがな表記に改めた。
・引用文には適宜、句読点・濁点を補い、一部の漢字をひらがなに改めた。
・人名の敬称は原則として省略した。

目　次

目 次

序 章 | はじめに

中学生時代の思い出

しばし個人的なエピソードをご紹介させていただきたい。

筆者が本格的に英語を学びはじめたのは、東京都内の私立中学校に入学してからのことであり、それは1990年代後半のことであった。当時は阪神大震災やオウム真理教事件が起きたあとであり、社会は騒然としていたような記憶がある。

そうしたなか、入学を目前に控えた3月のある日、自宅に学校から1通の書類が送られてきた。開封すると、そこからはB4サイズの1枚の紙が出てくる。よく見ると、なにやら見慣れない文字の一覧表が印字されていた。

そうである。それは英語のアルファベットの一覧表であったのである。そこにはブロック体と筆記体が整然と並べられており、学校によれば、4月の授業開始までにこれらをすべてマスターしてくるようにとのこと。

これには筆者も困惑してしまった。もちろん中学入学後から英語の授業がはじまることは知っていたが、実際に英語の文字を目にしてみると、とりわけその「筆記体」とやらの奇怪なかたちを目にしてみると、一種の不快感を覚えてしまったからである。

筆者はこうして、これからはじまろうとする英語の授業に漠然とした不安を抱くようになった。

いざ中学に入学すると、イエズス会神父が著した「プログレス・イン・イングリッシュ」という教科書が配布された。さらに補助教材として、多くのプリントや副読本も配布された。

最初のうちは 'Good morning' や 'Hello' といった基本的なあいさつを学んだ。その後発音記号の学習を経て、徐々に英文法へと話が進んでいく。'This is' や 'I am' といった単純な文章にはじまり、否定文や疑問文の作り方、そして現在形や未来形、過去形などの基本時制を順次学んでいった。

わからなかった「現在完了」

　そうしたなか筆者は、英語学習上のつまずきを経験することになる。それは中学2年生のときであった。

　教科書は先述したプログレスのBOOK2。担当はK先生で、先生は毎回文法とその演習問題をまとめたプリントを配布してくださった。その授業はすこぶる丁寧で、生徒のあいだでも人気があった。

　しかしこうしたなかで、筆者はどうしても理解できない文法項目に直面していた。それは「現在完了」である。

　1年生の頃までは、現在形や過去形、未来形を学んでいたが、それらを理解することは一応できていたように思う。過去形は動詞にedをつければよいし、意味も「過去」である。未来形は 'will' や 'be going to' をつければよく、意味も文字通り「未来」である。

　しかし「現在完了」になるとそうはいかない。そもそも「現在完了」という名前じたいよくわからないし、その前提となる「過去分詞」がまずわからない。そもそも「過去分詞」を学ぶとき、'do-did-done', ' go-went-gone' といった活用を暗唱したが、3列目に出てくるdoneやgoneの意味がどうしても理解できなかったのである。

　そして、この「過去分詞」なるものと、「持つ」という意味で習ったはずのhaveを組み合わせると、「完了・結果」、「経験」、「継続」の意味が出てくるという。ここでそもそもなぜ「持つ」と「過去分詞」を組み合わせるとこれらの意味が出てくるのか、当時の筆者には皆目わからなかった。

　にもかかわらず、中学校の授業はどんどん進んでいく。やがて「現在完了」に関連するeverやalready, yet, sinceなどの語法規則が出てくる。また、「～に行ったことがある」の意味を持つ表現として 'have been to' も出てくる。しまいには、「彼が亡くなって10年になる」を4つのパターンに英訳するトレーニングまで課せられる。

　こうして次々と学習事項が増えていき、「わからない」ことが蓄積していくと、多感な中学生の心には次第に英語への不安感や嫌悪感、さらには先生や学校への反抗心さえも芽生えてくるのではなかろうか。少なくとも筆者の場合はそうであった。ときに自分が「わからない」ことを「わか

る」先生をどこか憎らしく感じたことすらある。

　しかしどうしたことか、その後の筆者はこの問題を引き受けることをやめてしまったようである。そもそも英語ばかり勉強しているわけにもいかなかったし、試験でとりあえず「正答」を書けることに満足したのかもしれない。

　とにかく筆者は、「現在完了がわからない」ことをごまかしたまま、中学、高校生活を終えたのである。

江川泰一郎『英文法解説』に見る「現在完了」

　現在の中等教育で「現在完了」がどのように解説されているかについてはよくわからないが、おそらくは筆者が学んだときとそう大きな変化はないものと思われる。例えば江川泰一郎著『英文法解説』を繙くと、「現在完了」は「動詞の時制」の1つとされており、その基本的な用法が次のように解説されている。

現在完了（Present Perfect）とは過去の出来事や状態が、なんらかの点で現在とつながりを持っていることを示す動詞の形である。
基本用法：
　(1) 完了・結果　現在までの動作の完了を表すと共に、その結果として現在どうなっているかに関心がある。
　(2) 経験　現在までの経験を表し、その経験そのものは過去のいつのことでもよい。よく ever, never, before, once, often などの副詞を伴う。
　(3) 継続　a)状態動詞と b)一部の動作動詞が使われ、現在までの動作・状態の継続を表す。for ～または since ～のような期間を示す副詞語句を伴うことが多い。

　要点のみをまとめてみたが、これは筆者が中学、高校時代に学んだ内容とほぼ同じである。

　筆者は、先述したように、この現在完了が「わからない」ことをごまかしたまま大学にまで進んだのであるが、その後偶然、英語学の授業をとる

機会があり、そこでようやく上述の3用法が生まれるメカニズムを理解することができた次第である。

　しかし、これだけでは自らの「現在完了」への疑問を根本的に解決したことにはならない。なぜなら、そもそも「動詞」や「現在完了」、「過去分詞」といった概念をはじめ、その3用法や付随する語法規則群、さらには過去時制との違いなどといった体系がいったい何なのか、まったくわからなかったからである。

　このような事情もあり、筆者は大学院に「入院」（！？）後、紆余曲折を経て、「日本における学習英文法の成立史」を研究テーマに選んだ。要するに、アマチュアの研究者として、上述した「わからない」問題を歴史的に解明する道を選んだわけである。

　そして、多くの先行研究や資料にあたるなかで、次々と興味深い事実が明らかになっていった。

日本の「学習英文法」＝英米で用いられた規範文法の改変版

　とりあえず「現在完了」に話を限定すると、これを包摂する「動詞」という概念は、古くは古代ギリシアの言語分析にまでさかのぼる。また、この「動詞」を変化させる「現在完了」という概念は、中世のラテン語文法を継承した近世の規範英文法のなかですでに体系化されていた。

　例えば後述する、18世紀のイギリスで出版されたロバート・ラウス（Robert Lowth）著 *A Short Introduction to English Grammar*（1762）では、動詞の時制の1つとして 'Present Perfect' が体系化されていた。さらにそこでは、これを構成する「過去分詞」に相当する概念（'Perfect Participle'）や、'go-went-gone' などの不規則変化も体系化されていた。

　つまりこうした説明の枠組みじたい、西欧における長い文法学研究の伝統にその起源を持つということになる。

　その後、この体系を英語学習（国防）上の必要から日本に輸入してきたのが、幕末から明治期の「英学者」たちであった。後述するように、彼らはイギリスやアメリカで用いられていた英文法書を輸入し、その体系を学んでいくが、これらのなかには当然のことながら「現在完了」も含まれて

　いた。事実、例えば明治20年代に普及し、二葉亭四迷の『浮雲』（1891）でも言及されるスウィントン（William Swinton）の文法書には、動詞の時制の1つとして「現在完了」が体系化されていた。
　しかしここでぜひとも注目されるべきは、このスウィントンによるものを含む当時の舶来文法書のなかに、例の3用法やalready, yet, sinceなどの解説、さらには過去時制との違いといった定番の解説は存在しなかったということである。すると、これらは明治の日本において新しく付け加えられた可能性が高いということになる。
　事実、英語学者・岩崎民平（1892〜1971）は1932（昭和7）年の時点で、「「経験」の完了形を初めて説いたのは恐らく故斎藤秀三郎氏であったろう」と述べている（岩崎民平「経験の現在完了」『英語青年』1932年。ただし本書第2部で紹介するように、これをはじめて提示したのは、斎藤秀三郎の師であるフランシス・ブリンクリーであった）。また、学習英文法史研究者の伊藤裕道も、この用法が「日本独自の説明方法のようである」ことを指摘している（伊藤裕道「英文法教育の歴史と大学における英文法教育の今日的課題」）。
　斎藤秀三郎（1866〜1929）は明治30年代の日本で「学習英文法」を一応の成立へと導いた人物であるが、彼の文法書については後に検討することにして、ここではとりあえずその門下生である山崎貞（1883〜1930）が1913（大正2）年に公にした『自修英文典』を見てみたい。すると、そこには例の「経験」を含む3用法が体系化されているほか、alreadyやyet, sinceをはじめとする語法規則、さらには過去時制との違いも解説されていた。
　このように見てくると、現時点で、きわめて大まかではあるが、次のような歴史像を想定することができるのではなかろうか。すなわち「動詞」や「現在完了」といった説明の枠組みじたいは、西欧における文法学研究の伝統を継承した規範英文法体系に依ったものであると。しかし、これを輸入した幕末・明治以降の日本人はこれを作り変えたと。すなわち彼らは、3用法に象徴される意味内容や語法規則群（のいくつか）を新たに付け加え、日本に普及させた可能性が高いと。
　さらにいえば、こうしたプロセスに見える態度そのもの、すなわち西欧の文法体系を取り込みつつもそれを部分的に作り変えるという志向性は、

なにも「現在完了」のみならず、他の文法項目一般についてもあてはまるのではなかろうかと。また、こうした「作り変える」志向性が他の文法項目にも及ぶなかで、じつは舶来の体系そのものが何らかのかたちで改変されるケースも存在したのではなかろうかと。

　このような見通しのもと、本書の第1部と第2部では、日本の「学習英文法」体系の成り立ちに迫っていくことにする。その後、第3部では、明治後期に一応の完成を見た「学習英文法」体系が「学校教育」という枠組みのなかでどのように意味づけられたのかについて明らかにしていくことにする。

第1部

ヨーロッパにおける文法研究の歴史
——日本の「学習英文法」前史

R. ラウス *A Short Introduction to English Grammar*

第1章 | ギリシア語文法からラテン語文法へ
──古代〜中世

1.1 世界史の流れから見る「学習英文法」

　前章の後半では、日本の「学習英文法」体系を捉えるための大まかな
見通しを述べておいた。本章でも引き続きこれをマクロな視点から捉える
べく、世界史の流れを概観し、そのなかに「学習英文法」を位置づけてい
く。

　すでに紹介したように、「学習英文法」の直接的な起源となったのは英
米で成立した規範英文法体系であった。そもそもイギリスで英文法が整備
されはじめるのは16世紀のことであったが、それが成立期を迎えるのは
18世紀の後半であった。

　しかしこの体系は突如として、すなわち当時の文法家たちの独創のみに
よって作り上げられたものではない。というのも、その形成にあたっては、
中世で普及したラテン語文法やラテン語そのものの存在が強く意識されて
いたからである。

　したがって日本の「学習英文法」を理解するためには、どうしてもラテ
ン語文法にまでさかのぼらなければならないが、じつはこれでもまだ十分
ではない。なぜならこのラテン語文法とて、それに先立つ古代のギリシア
語文法体系を引き継いだものであったからである。

　このように見てくると、日本の「学習英文法」体系の成立までには、古
代のギリシア語文法から中世のラテン語文法を経て、近世以降の英文法へ
と連なる歴史の流れが存在することになる。いいかえれば、日本の「学習
英文法」には、じつに2500年余りにも及ぶ長大な言語分析の伝統が盛り
込まれているということである。これを大まかに整理すれば次のようにな
る。

【古代】ギリシア語文法
　　≪ローマ帝国、カトリック教会の興隆≫
【（古代〜）中世】ラテン語文法
　　≪宗教改革≫
【16 〜 18 世紀】英文法
　　≪19 世紀イギリスのアジア進出≫
【19 〜 20 世紀】日本の「学習英文法」

　上記の図に見える≪　≫のなかには、それぞれの時代から次の時代への移行を促した媒介項が記されている。

　例えば古代のギリシア語文法が、後のラテン語文法へと移植される背景には、ヘレニズム時代後におけるローマ帝国の隆盛や、そこで拡大したカトリック教会の影響があった。

　つぎに中世のラテン語文法が近世の英文法に移植される際には、宗教改革がとりわけ大きな役割を果たした。

　さらにこの英文法がついにヨーロッパの外に出て、遠い日本の地に到達した背景には、19 世紀イギリスのアジア進出があった。

　本書はこれらのうち、主として日本における英文法受容の過程に焦点を合わせるが、その内容に入る前に、まずは上述の史実と連動させながら、古代ギリシア以降における文法研究の系譜を簡単に振り返っておこう。

　なお、第 1 部で記述される内容の多くは、この分野で優れた業績を残した杉浦茂夫、渡部昇一、宇賀治正朋、R. H. ロウビンズらの研究に依っていることをあらかじめことわっておく。

1.2　古代ギリシアの文法研究

　古代ギリシアの文法研究は、当初それじたいで独立していたわけではなく、哲学や論理学、文献学と不可分の存在であった。

　紀元前 5 〜 4 世紀のプラトン（BC427 〜 BC347）は、論理学的にギリシア語を考察するなかで、オノマ（onoma）とレーマ（rhēma）という区分を見出した。

　前者のオノマは、現代でいうところの主語や名詞に相当し、後続する
レーマによって「述べられることば・名前」のことを指す。一方、後者の
レーマは述語や動詞に相当し、先行するオノマについて「述べることば」
のことを指す。そしてプラトンによれば、これらが組み合わさることで文
（logos）が成立するというのである。

　こうした知見を継承し、さらに発展させていったのがプラトンの弟子で
あるアリストテレス（BC384～BC322）であった。彼は従来のオノマと
レーマを「時を示すかどうか」という基準から再定義したうえで、新たに
「シュンデスモス」（syndesmos）という概念を導入した。これは基本的に
「接続」の機能を帯びる要素のことであり、現代の枠組みでいえば接続詞
や前置詞、冠詞、代名詞を包摂するものであった。

　アリストテレスのもとからはやがてアレクサンドロス（在位BC336～
BC323）が出て、その東方遠征により大帝国が築かれ、ヘレニズム時代が
到来する。この時期に共通語となったギリシア語の分析を深化させたのが、
ゼノン（BC335～BC263）を祖とするストア派の学者たちであった。

　彼らは先行するプラトンやアリストテレスの知見を部分的に改変したう
えで、次の分類を示した。すなわちオノマ（固有名詞）、プロセーゴリア
（prosēgoria、普通名詞）、メソテース（mesotēs、副詞）、レーマ、シュン
デスモス（接続詞・前置詞）、アルトロン（arthron、冠詞・代名詞）であ
る。ちなみに、現在の形容詞はオノマに包摂されていた。

　さらに彼らは、これらの文法的な振る舞いを説明すべく、数や性、格、
法、時制などの下位概念を導入した（杉浦茂夫『品詞分類の歴史と原理』、R. H.
ロウビンズ著、中村完・後藤斉訳『言語学史』）。

1.3 アレクサンドリアでの文法研究

　アレクサンドロスの帝国は彼の死後まもなくして分裂し、マケドニア、
シリア、エジプトなどの諸王国が成立する。なかでも隆盛を誇り、文化の
中心となったのがエジプト（プトレマイオス朝）の首都であるアレクサン
ドリアであった。

　ここには高等の学問所であるムセイオンや、大規模な図書館が設立され、

ホメーロスの著作に代表されるギリシア語文献の収集と研究が盛んに行われた。このなかでギリシア語文法への関心も高まり、後の文法学史に残る2人の人物が輩出されることになる。

その1人が、ディオニュシウス・トラクス（Dionysius Thrax, BC170頃〜BC90頃）であった。彼は先述したストア学派による分類を再調整し、現代における8品詞の原型を示した。すなわちオノマ（名詞・形容詞）、レーマ（動詞）、メトケー（分詞）、アルトロン（冠詞）、アントーニュミアー（代名詞）、プロテシス（前置詞）、エピレーマ（副詞）、シュンデスモス（接続詞）である（R. H. ロウビンズ『言語学史』）。

彼はこのほかにもこれらが見せる屈折にも注目し、性や数、格などにもとづく名詞の変化、さらには法や時制などにもとづく動詞の変化を論じた。彼の分析は1つのまとまった体系をなしており、ここに文法はそれを包含していた哲学や論理学から自立する契機が与えられることになる。

ただしディオニュシウスの体系には欠点があった。それは語（品詞）の分析にその関心が集中するあまり、それらの結合規則、すなわち「統語論」が軽視されたことである。この欠陥を補ったのがアポロニウス・ディスコルス（Apollonius Dyscolus, AD110頃〜175）であった。

ディオニュシウスとアポロニウスの出現により、古代ギリシア語は、品詞論（8品詞）と統語論を備える文法体系を持つことになった。この枠組みはやがてラテン語文法にも継承されていき、西欧語文法体系の伝統を形成することになる。

1.4　ローマ帝国の興隆

ディオニュシウスが活躍したエジプトをアクティウムの海戦（BC31）で破り、その支配下に置いたのがローマ帝国であった。

ローマ帝国は紀元前3世紀にイタリア半島の大部分をその支配下におさめ、その後も版図を拡大し、紀元後2世紀にはブリタニア、ガリア、イベリア半島、北アフリカ、小アジアに及ぶ大帝国を形成した。

よく知られているように、ローマ帝国の言語はラテン語であった。このラテンという言葉は、イタリア中部の地方名である「ラティウム」（Latium）

に由来している。

　ローマ帝国は、自らの支配地域を積極的にラテン語化することはなかっ
たとされる。しかし帝国の行政と教育はラテン語で行われたこともあり、
それは各地に普及していくことになった。

1.5　ラテン語とキリスト教

　こうしたなか、後のラテン語の運命を決定するといってもよい事件が起
きる。それはラテン語が後にローマ帝国で公認されるキリスト教と結びつ
いたことであった。

　ローマ帝国は、3 世紀に入ると徐々に瓦解の兆しを見せはじめる。すな
わち、各地の軍人が勝手に皇帝を擁立しつつ抗争する「軍人皇帝時代」を
迎えたのである。

　これに伴う混乱を収拾すべく、皇帝権力の強化を狙ったのがディオクレ
ティアヌス帝（在位284 ～ 305）であった。彼は帝国の分割統治を実行しつ
つ、キリスト教を徹底的に弾圧した。しかし、その後のコンスタンティヌ
ス帝（在位306 ～ 337）は帝国統一の必要から、313 年にキリスト教を公認し
た。

　キリスト教がローマ帝国に浸透
し、皇帝と結びつくかたちで公認
されたということは、その信者の
なかにラテン語を話す者たちが増
加していたことを意味する。もと
もとキリスト教ではヘブライ語や
ギリシア語が用いられていたが、
それがローマ帝国に浸透するにつ
れ、次第にラテン語がその公式言
語として用いられるようになった。

　これを象徴するように、4 世紀
の終わりになると、教会共通のラ
テン語訳聖書（ヴルガータ）が作

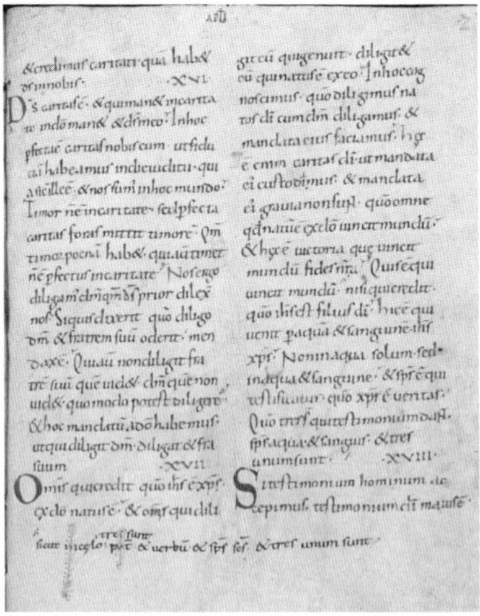

図1-1　ラテン語訳聖書（ヴルガータ）

られている。時の教皇ダマスス1世（在位366〜384）の委嘱を受け、この翻訳事業に着手したのが聖ヒエロニュムス（345頃〜420）であったが、彼は後述するラテン語文法家・ドナトゥスの弟子であった。

1.6 宗教と学問の言語としてのラテン語

　ちょうどこの頃、ローマ帝国の周辺ではゲルマン民族の侵入が相次ぎ、帝国はさらに動揺を見せる。そしてついに395年、ローマ帝国は東西に分裂、つづいて476年には西ローマ帝国が滅亡した。

　この情勢は言語的観点から見れば、それまでのラテン語の地位を保証していた政治的基盤が消失してしまったことを意味する。事実、ローマ帝国の崩壊に伴い、教育施設や図書館は破壊され、文化の担い手であった貴族層も没落した。

　しかし、ラテン語はその後の時代においてもその勢力を減退させることはなかった。というのも、それは前述したごとくすでにカトリック教会の公式言語となっていたほか、新たに移住してきたゲルマン人たちも次第にカトリック教会に帰依していったからである。くわえて、各地の修道院において、ラテン語文献の書写と収集が活発に行われたこともラテン語の命脈を保つことに貢献した。

　こうしてラテン語は、かつての「政治的支配者の言語」ではなく、新たに「宗教と学問の言語」としての意味を帯びることになった。それは、教会を頂点とする西欧の知的世界を結びつける文章語として、いいかえれば文化的で、ときに神聖な意味合いを帯びる言語として再解釈されたのである。

　これを象徴するように、フランク王国のシャルルマーニュ（在位768〜814）は、宮廷にアルクィンらを招きカロリング・ルネサンスを開花させたが、その際に彼が奨励したのが神学や法律とならびラテン語の研究であった。さらに、シャルルマーニュ自身も母語であるフランク語（ゲルマン系）のほか、公的な儀式や典礼行事においてはラテン語を使用したとされている。

　中世において宗教や学芸に携わろうとする限り、ラテン語の習得は不可

欠であった。むろん当時においても、俗ラテン語を含む、それぞれの土地や地域に応じた土着語が存在していた。しかしこれらに比べ、神の言葉を語りうる言語としてのラテン語の地位は別格であり、各地の土着語は野蛮な口語とされることが常であった。

　よってこうした土着語を話す者たちが知識人の仲間入りを果たそうとする限り、ラテン語を正しく用いることができるようになることが必要であった。そして、この必要を満たすべく整備されたのが、ほかでもなくラテン語の文法であったのである。

1.7　ラテン語文法の世界

　ラテン語文法が整備されはじめるのは４〜６世紀のことであった。なかでもドナトゥス（Donatus, 300頃〜399頃）とプリスキアヌス（Priscianus, 500頃に活躍）の文法書は、中世を通じて標準的な教科書として用いられた。とくに前者のドナトゥスの著作の影響は大きく、その名前はやがて普通名詞化し、「ラテン語文法」、ひいては「入門書」の意味で使われるほどであった。

　ドナトゥスの文法は、すでに紹介したディオニュシウスのギリシア語文法の枠組みをおおよそ踏襲したものであった。ディオニュシウスはいわゆる8品詞の原型を示していたことはすでに述べたが、ドナトゥスはこれに倣い、微調整を加えつつ、新たにラテン語の8品詞（partes orationis = 'parts of speech'）を設定した。それは名詞（nomen）、代名詞（pronomen）、動詞（verbum）、副詞（adverbium）、分詞（participium）、接続詞（coniunctio）、前置詞（praepositio）、間投詞（interiectio）である。

　このうち、ギリシア語文法において独立した地位を与えられていた「冠詞」が除外されていることがわかるが、これはラテン語にはもともと冠詞が存在しなかったことに由来している。かわりに、元来「副詞」に含まれる「間投詞」が独立することになった。

　また、現代の「形容詞」のそれに相当する分析が、「名詞」（nomen）論のなかで行われていたことも特筆される。これはラテン語において名詞と形容詞の変化が共通することに由来するものであり、よって当時の「名

詞」とは、現代の名詞と形容詞の両者を含む上位概念であった（ただしこれらは、中世後期の思弁文法（Grammatica Speculativa）における統語論の発達に伴い、それぞれ「実詞」（nomen substantivum）と「形容詞」（nomen adiectivum）へと分化する）。

　ドナトゥスは、語の屈折をふんだんに用いるラテン語の特性を記述すべく、各品詞が見せる形態変化に注目した。そして「名詞」や代名詞における格、性、数の変化をはじめ、比較表現（原級、比較級、最上級）に伴う「名詞」や副詞の変化、さらには時制（現在、未完了過去、完了過去、過去完了、未来）や法（直説法、命令法、希求法、仮定法、不定法、非人称法）にもとづく動詞の変化を論じた。

　上記の体系を精密に記述した宇賀治正朋は、ドナトゥスの文法書こそ、「現代にいたる文法組織の大綱を決定」したと評価している（宇賀治正朋『英文法学史』）。

　一方、ドナトゥスの文法書とならび体系的にラテン語を論じていたのが、プリスキアヌスの文法書であった。そこでは音声や綴り字論のほか8品詞論も展開されたが、先述したアポロニウスの影響により統語論が重視されたことが特筆される。

　これらの文法書の知見を引き継ぐかたちで、やがて中世のラテン語文法には以下の4部門が成立することになった。

  1. Orthographia
  2. Etymologia
  3. Diasynthetica
  4. Prosodia

　1つ目のOrthographiaとはいわゆるスペリング論のことであり、2つ目のEtymologiaは品詞論（語形論）のこと、3つ目のDiasyntheticaは統語論のこと、最後のProsodiaは韻律論のことを指している。このうち文法の中核とされたのがEtymologiaであり、これは主として「語」の形態変化を扱う部門であった。

　先述したように、このように成立したラテン語文法体系には明確な教育

目的が付随していた。すなわちこれを学ぶ者たちが学芸や宗教に従事し、古典や教典を扱える知識人としていかに正しく読み書きできるようになるかというものである。

　したがってラテン語の規範文法とは、日常的な「おしゃべり」ではなく、むしろフォーマルな言葉遣いを念頭に作られたものであったことがわかる。同時に、この文法の知識の有無は、当時における知識人層の仲間入りを果たすための選別機能を担っていたともいえる。

　「文法」に付随していた、このような特権性と閉鎖性については、田中克彦による以下の説明が的を射ている。

　　中世ヨーロッパにおいて書かれる唯一のことばであるラテン語は、ギリシャの伝統にしたがって「文字（グラムマ）の技術（ティケー）」と呼ばれたのである。「文字の技術」すなわち我々が「文法」と訳しているものは、その根本において自然ではなく、つくりものである。文法＝書きことばは、我々の日常言語の外にあって、それをはるかに超越した別世界を形づくっている。［中略］母語の話し手は、術の書きことばにのぼりつくすために、この文法を手がかりとし、この術にたずさわるかぎり、最後のきわまで文法と離れることはない。なぜか、──それが母語ではないからである。　　　　　（田中克彦『ことばと国家』）

1.8　権威を失うローマ・カトリック教会と、宗教改革

　ラテン語は、中世を通じて「文法」的に学習できる唯一の言語であった。英語でも 'grammar' といえば、それはとりもなおさず「ラテン語文法」のことを指す状態が 17 世紀にいたるまでつづく。

　この背景にあるラテン語の権威と繁栄は、中世におけるローマ・カトリック教会の隆盛と密接に結びついたものであった。カトリック教会の頂点に立つのはローマ教皇であったが、その権威は 12 〜 13 世紀頃にかけて絶頂期を迎えていたのである。

　しかしその後、こうした威光を背景にした十字軍の遠征（11 〜 13 世紀）や、教皇のバビロン捕囚（1309 〜 77）、教会大分裂（1378 〜 1417）へといた

る一連の過程のなかで、教皇の権威は次
第に失墜していった。同時に、「堕落」
した教会体制への批判も公然と行われる
ようになった。これはやがて16世紀の
宗教改革へと結実していくことになる。

　宗教改革において中心的な役割を果た
した修道士の1人が、マルティン・ル
ター（Martin Luther, 1483 ～ 1546）であった
ことはよく知られている。彼は1517年、
「贖宥の効力を明らかにするための討論」
（いわゆる95箇条の提題、原文ラテン語）を発

図1-2　マルティン・ルター

表し、1521年に教皇により破門されたが、
彼が教会制度を批判するうえでの拠り所としたのが、神の教えを記したと
される聖書であった。

　従来のカトリック教会では、人々の関心事であった自らの天国行きを保

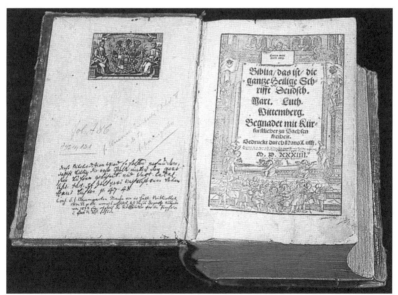

図1-3　ルターのドイツ語訳聖書

証する「悔い改めのサクラメント」を行う教会の権威が聖書よりも重視されていた。また、聖書の解釈も教皇が行うものとされており、その言語はいうまでもなくラテン語であった。

　これに対しルターは、教皇や教会の教えに優先されるべき信仰の拠り所として、聖書の存在を重視した。そして信徒がラテン語を操る聖職者を介在させることなく、各々が聖書を読むことで直接神とつながることを説いた。ルターはこれを実現すべく、聖書をドイツ語に翻訳したのである。

　聖書をラテン語以外の言語に翻訳する事例は、ルター以前にも存在していた。例えば14世紀には、当時オックスフォード大学の神学教授であったウィクリフ（John Wycliffe, 1320頃～84）がルターと同様の動機から聖書を英訳している。

　このように、宗教改革者たちが聖書を続々とラテン語以外の土着語に翻訳しはじめたことは、言語史上において画期的であった。なぜならこれにより、従来の土着語が新たに神の言葉を語りうる言語として、ラテン語と同等の地位が与えられるようになったからである。

　従来のラテン語の地位が相対化されたことは、やがて各地の土着語が誇るべき「（母）国語」として整備されるきっかけを作ることになる。

1.9　英語の整備と改良に向けて

　もちろん、かつての「土着語」のなかには「英語」も含まれていた。

　中世のイギリスでは、11世紀のノルマン征服以来、フランス語やラテン語が上流階級の言語となっていた。一方で英語はこれらに比べて圧倒的な劣位に置かれていたのである。

　しかし、百年戦争（1337～1453）をきっかけとした国民的意識の覚醒や、先述した宗教改革の精神、さらには後者と印刷術の結びつきによる民衆教育熱などの要因もあり、やがてイギリスでは英語への劣等感を払拭し、これをラテン語とならぶ先進言語として整備する動きが活発化することになる。

　この動きを象徴するのが、当時の教育家であるマルカスター（Richard Mulcaster, 1531頃～1611）による以下の言葉である。

　ラテン語が他の諸国語にとって代わり、自らラテンの学問を備えて
いったように、それ［英語のこと—引用者注］もついにラテン語にとっ
て代わったが、これは容認されてしかるべきことである。というのは、
正に同じ宝を我々の母国語の中に持つことが出来るのに、またそうす
れば時間も経済的なのに、それをやめて、学問（宝）のために他の言
葉の奴婢となり、大いに時間をむだにするというのは、実際、驚くべ
き隷属ではないだろうか。我々自身は、自由独立という、うれしい看
板をかかげているくせに、ラテン語のおかげでいつも我々が、隷属の
状態にあることを思い出させられるのはどんなものだろうか。予は
ローマを愛す、されどロンドンをさらに愛す。予はイタリヤに好意を
寄す、されどイギリスに一層大なる好意を寄す。予はラテン語を尊敬
す、されど英語を崇拝す。　　　　　　　　　（渡部昇一『英文法史』）

　マルカスターは自らの母語がラテン語と同じく高度な知の世界に携われ
る言語になることを熱望していた。そして、これは「我々」の「自由独
立」という生き方とも連動していたのである。
　このような感情は、やがて次のような動きとなって現れた。第1に、英
語のなかに文化語たるラテン語やギリシア語の語彙を借入することで、そ
の表現力を向上させること。第2に、いわゆる当時の大母音推移に伴い不
安定化した、発音と綴り字の関係を再整備すること。そして第3に、ラテ
ン語に倣い、英語にも統一した文法を組織することであった。
　よって当時の英文法とは、英語がある一定の規則と規範を備えた先進言
語であることを内外に示すためのものでもあり、単に言語学習上の便宜を
図るためだけのものではなかった。
　すると、その整備にあたる文法家たちのあいだでは必然的に、英語の用
例をラテン語文法の鋳型にはめ込む傾向が強くなっていく。というのも、
彼らは英語にもラテン語と同様の規則を見出すことで、その先進性（さら
には他のヨーロッパ諸語への優越性）を誇示しようと考えたからである。

第2章 | 規範英文法の確立に向けて
―― 16 ～ 18 世紀

2.1 英文法の誕生―― 16世紀

　1586年、世界最初の英文法書がイングランドで刊行された。ウィリア
ム・ブロカー（William Bullokar）の *Bref Grammar for English* である。
　その8年後である1594年にも、2冊目の英文法書が刊行された。P. Gr. な
る人物（Paul Greaves?）による *Grammatica Anglicana*（『英文法』）である。そ
の表題からもうかがえる通り、これはラテン語で著された英文法書であっ
た。
　両書の内容は、先行するラテン語文法の枠組みをおおよそ踏襲したもの
であった。前者のブロカーは、当時一世を風靡していたリリー（William
Lily）の欽定ラテン語文法、後者のP. Gr. はフランスの人文主義者・ラムス
（Petrus Ramus, 仏名ピエール・ド・ラ・ラメ、Pierre de la Ramée）のラテン語文法
を参照していた。
　前者のリリーの文法は、先述したドナトゥス、プリスキアヌス以来の伝統
的なラテン語文法や、スコラ哲学最盛期における思弁文法の成果を反映し
ていた。一方、後者のラムスの文法は、
もともと彼が中世の学問（とくにスコ
ラ的アリストテレス主義）に革新を起
こすことを志していたこともあり、従
来の伝統とは一線を画すものであった。
　伝統的なリリーの文法を参照してい
たブロカーは、ラテン語と同じ8品詞
を英語にも認めた。すなわち名詞、代
名詞、動詞、副詞、分詞、接続詞、前
置詞、間投詞である。このうち、「名
詞」論のなかには、形容詞のそれに相
当する分析が含まれたほか、現代の名

図2-1　ペトルス・ラムス

詞に相当する概念も「実詞」（noun-substantive）と呼ばれた。

さらにブロカーは、数や性、格にもとづく「実詞」の変化をはじめ、比較（原級、比較級、最上級）に伴う変化を論じた。また、関係代名詞やその先行詞の存在を指摘したほか、1人称から3人称にわたる代名詞の変化を論じた。

ただし、ここでもラテン語文法の影響は強く、例えば「実詞」には5つの格が認められていた。

動詞論では、主に法や時制、数、人称にもとづく変化が注目された。このうち、時制には現在、過去、完全過去（現代の現在完了）、大完全過去（現代の過去完了）、未来の区別が認められたほか、法には直説法、命令法、希求法、仮定法、不定法の5種類が認められた。さらに現代の自動詞や他動詞に相当する分析や、受身形や助動詞に関する知見も提示された（渡部昇一『英語学史』、宇賀治正朋『英文法学史』）。

これに対しP. Gr.の体系では、先述したラムスの影響により次の4大品詞分類が提示された。すなわち名詞（実詞、形容詞、代名詞を含む）、動詞、副詞（前置詞と間投詞を含む）、接続詞である。

注目されるべきは、ここで従来独立した品詞とされてきた「分詞」が格下げされたことである。したがってP. Gr.の体系のなかには、現代の英文法にまで連なる分析が含まれていたことになる。

2.2　錯綜する英文法体系── 17世紀

とはいえ、彼らの文法がともに従来のラテン語文法の強い影響下にあることに変わりはなかった。16世紀の英文法はこうした状況で終わりを告げるが、17世紀に入っても同様の傾向はつづくことになる。

渡部昇一『英文法を知ってますか』に従い、世紀転換後に刊行された主な英文法書をあげると次のようになる（それぞれの表題のうち、副題は省略した［以下同］）。

1617年　ヒューム（Alexander Hume）*Of the Orthographie and Congruitie of the Britan Tongue*（『英語の正書法と一致』）

1619年　ギル（Alexander Gill）*Logonomia Anglica*（『英語学』）

1633年　バトラー（Charles Butler）*The English Grammar*

1640年　ジョンソン（Ben Jonson）*The English Grammar*

1653年　ウォリス（John Wallis）*Grammatica Linguae Anglicanae*（『英語文法』）

1685年　クーパー（Christopher Cooper）*Grammatica Linguae Anglicanae*（『英語文法』）

1700年　レイン（A. Lane）*A Key to the Art of Letters*

　ここから、17世紀を通じて継続的に文法書が刊行されていたことがわかるが、ラテン語名の著作が散見することに象徴されるように、これらの内容はおおむねラテン語文法の影響を受けたものであった。

　しかし同時に、ラテン語文法からの自立を図る動きも存在していたことも事実である。すなわち上述した文法家たちのあいだでは、先述した英語愛や、同時期のイギリス経験論の影響などもあり、英語の特性を反映した体系を構築する動きが生まれていたのである。

　この動きは、やがて英語に見られる実際の用法を客観的に観察する態度を生んだ。そして、このような記述主義的態度と、旧来のラテン語文法を範型と見なす態度のあいだで、彼らの体系のなかでは少なからぬ揺れ動きが見られるようになる。また、体系の構築の際に、言語の形式と意味のいずれを基準とするかという問題も事態をいっそう複雑なものにした。

　例えば「実詞」の格について、先述したブロカーは5つを認めていたのに対し、ヒュームやギル、レインは6つ、バトラーとジョンソンは2つ、ウォリスはその存在を全く認めなかった。

　動詞の「法」の分類も錯綜し、例えばブロカーは先述の5種類を認めていたのに対し、ギルは4種類、P. Gr. やジョンソン、ウォリスはその存在を認めなかった。

　しかし、このような混乱の一方で、現代の英文法へと引き継がれる知見が生み出されていたこともまた事実である。

　例えばジョンソンの文法書では、従来から存在していた「実詞」（substantive）と「名詞」（noun）の区別が揺らぎはじめたほか、動詞の

機能を拡張する「助動詞」(Verba Auxiliaria) という概念もウォリスによって明示された。また、英語の「冠詞」についてもギルやジョンソンにより品詞の1つとして認められた。

主語や述語、目的語といった文構造に関わる要素もクーパーやレインによって注目された。さらに現代の「現在進行形」に相当する分析も同じクーパーによって展開された（宇賀治正朋『英文法学史』）。

2.3 「規範」への遠い道のり——挫折したアカデミー設立運動

17世紀に見られた上記の混乱は、当時において統一された規範文法が英語には不在であったことを示す。つまり当時の英語は依然として無秩序な状態に置かれていたのであり、これを示すように、同時期の文筆家たちのあいだでは、英語の正しい用法を見極めるべく、これを一度ラテン語に訳し、吟味する手法がとられていた。

さらに、彼らの不安の種となっていたのが、英文で出版される著作が短期間のうちに判読不能となってしまう可能性であった。すなわち英語がいまだ固定化の兆しを見せず、したがって変化しやすいということは、これを用いた知の伝承が覚束なくなることを意味したからである。

こうしたなか、折しも隣国のフランスでは、アカデミー・フランセーズが設立された。これは1635年、時のルイ13世の宰相であるリシュリュー (Armand Jean du Plessis de Richelieu, 1585～1642) によって作られたものであり、そこではフランス語の統一と豊饒化が目標とされたうえで、統一的な辞書や文法書の編纂が進められた。

イギリスでもこれに刺激されるかたちで、同様のアカデミーの創設を求める運動が18世紀にかけて盛り上がりを見せる。なかでも桂冠詩人のドライデン (John Dryden, 1631~1700) やデフォー (Daniel Defoe, 1660頃~1731)、スウィフト (Jonathan Swift, 1667~1745) らがこうした動きに積極的であったことはよく知られている。

しかし、イギリスにはとうとう官立のアカデミーが設立されることはなかった。この原因としては、関係者間の内紛等いくつかの要因が考えられるが、なかでも1714年というタイミングで当時のアン女王（在位1702～

14) が没し、新たにハノーヴァー朝が成立したことが注目される。

　というのも、その初代国王であるジョージ1世（在位1714〜27）は、即位時すでに54歳という年齢であったうえに、そもそもドイツ語しか話せず、また新たに英語を学ぼうとする気もなく、その統一の問題にも関心を示さなかったからである。

　よってこの問題は、もっぱら民間における自助努力にゆだねられることになった。これは英語における規範の確立にあたり、当時において出版される辞書や文法書が人々のあいだでどれほどの支持を集めるのかが重要なファクターとなっていたことを意味する。

2.4　解消されない混乱—— 18世紀の英文法

　それでは18世紀に入り、そのような影響力のある著作が果たして生み出されていたのであろうか。この時期に刊行されたおびただしい数の文法書のうち、注目に値するものをあげると次のようになる。

> 1711年　グリーンウッド（James Greenwood）*An Essay towards a Practical English Grammar*
> 1711年　ブライトランド（John Brightland）*A Grammar of the English Tongue*
> 1712年　メテール（Michael Maittaire）*The English Grammar*
> 1737年　グリーンウッド（James Greenwood）*The Royal English Grammar*
> 1761年　プリーストリー（Joseph Priestley）*The Rudiments of English Grammar*

　グリーンウッドとメテールは教育者であり、プリーストリーは酸素の発見で知られる高名な学者であった。残るブライトランドについては未詳であるとされている（大塚高信・寺澤芳雄編『英語文献翻刻シリーズ 第8巻』）。

　そして、彼らが展開した英文法体系についていえば、その内容は従来と同じくまちまちであった。

　例えば、プリーストリーは現代と同じ8品詞の分類を示していたが、ブライトランドは先述したレインの影響から4品詞、グリーンウッドはラテン語文法と同じ8品詞、メテールはギリシア語を重視する立場から、冠詞、

名詞（実詞と形容詞を含む）、代名詞、動詞、分詞、副詞（間投詞を含む）、前置詞、接続詞という古風な分類を示していた（渡部昇一『英語学史』）。

　しかし、このうちメテールの文法が当時において歓迎された形跡はなく、また、プリーストリーの文法も科学的な記述主義の立場に立っていたものの、規範を求める当時においては成功しなかった。さらにグリーンウッドの文法書も幾度か版を重ねたようであるが、決定的な影響を及ぼすまでにはいたらなかった。

2.5　規範英文法の一応の成立

　いまだ統一的な規範文法が存在しない状況は、かえってその確立に向けた機運を後押しすることへとつながる。そして18世紀も後半に入るとようやく、多くの人々に受け入れられる辞書と文法書が相次いで刊行された。

　このうちの辞書とは、サミュエル・ジョンソン（Samuel Johnson, 1709 〜 84）著 *A Dictionary of the English Language*（1755）であり、一方の文法書とは、ロバート・ラウス（Robert Lowth, 1710 〜 87）著 *A Short Introduction to English Grammar*（1762）であった。とりわけ後者は、イギリスのほかアメリカでも版を重ね、これにより規範的な英文法が一応の成立を見ることになる。

　著者のラウスは1710年にウィンチェスターで生まれ、その後ウィンチェスター・コレッジを経て、オックスフォード大学で学んだ。1741年には同大の詩学教授に就任し、ヘブライ詩の学者としての活躍を見せている。

　一方で、彼は1735年から聖職にもつきはじめ、各地における勤務を経た後、1766年にオックスフォード主教、1777年にはロンドン主教に就任した。

　このように著名な聖職者兼学者であったラウスが、その権威を背景にして著し

図 2-2　サミュエル・ジョンソン

たのが上述の文法書であった。

　本書の冒頭においてラウスは、英語がここ200年にわたり飛躍的に洗練されてきたにもかかわらず、いまだ「文法上の正確さ」（'Grammatical accuracy'）において覚束ないことを憂慮している。そのうえで、文法がもたらすべき効用として、学習者が正確に表現できるようになることや、彼らが英文の正誤を主体的に判別できるようになること、さらには他国語の学習を容易にすることを指摘した。

　彼はこのうえで「文法」を 'the Art of rightly expressing our thoughts by Words.' と定義し、おおよそ次のような品詞論を展開した（ここでは南雲堂翻刻版［1769年ダブリン版］を参照した）。

---

①冠詞（Article）：Definite / Indefinite
②名詞（Substantive, or Noun）：Common / Proper
　数（Number）：Singular / Plural
　格（Case）：Nominative / Possessive
　性（Gender）：Masculine / Feminine / Neuter
③代名詞（Pronoun）：
　Personal / Relative / Interrogative / Definitive / Distributive
　　/ Reciprocal
　　※人称（Person）：First / Second / Third
④形容詞（Adjective）、⑤副詞（Adverb）
　比較（Comparison）：Positive / Comparative / Superlative
⑥動詞（Verb）：Active（Transitive）/ Passive / Neuter（Intransitive）
　法（Mode）：
　　Indicative / Imperative / Subjunctive / Infinitive / Participle
　時制（Tense）：
　　Present / Past / Future
　　Present Imperfect / Present Perfect / Past Imperfect
　　Past Perfect / Future Imperfect / Future Perfect
　　※'Imperfect' は、現代の「進行形」に相当
　助動詞（Auxiliary）、規則・不規則動詞（Regular / Irregular）
　欠如動詞（Defective）

---

⑦前置詞（Preposition）
⑧接続詞（Conjunction）：Copulative / Disjunctive
⑨間投詞（Interjection）

　これを見てもわかる通り、ラウスの体系は9品詞を基軸としている。また、名詞の格を主格と所有格に限定するなど、現代とは異なる分析も散見する。しかし全体として見れば、現代のわれわれにとりなじみ深い概念の多くが成立していることも事実であり、これこそ16世紀以来続いた試行錯誤の一応の到達点であった。

　さらにラウスの文法では、従来とは異なり、統語論が重視されたことも見逃せない。そのなかには現代にまで受け継がれる知見も存在し、例えば二重比較や二重最上級は適切ではないことや、二重否定は肯定の意味で用いられるべきことなどがあげられる。

　このうえでラウスは、自らの規則に合致しない文章を容赦なく誤用と見なすのであった。彼はスペンサーやシェイクスピアをはじめとする30人以上の作家の文章から数多くの用例を引用しているが、それぞれについて正誤判定を行ったうえで、その大部分を誤用と見なしたのである。

　ここから彼による規範が、従来の作家が示していた用例よりも上位に位置づけられていたことがわかる。

第2部

「学習英文法」体系はいかに作られたか

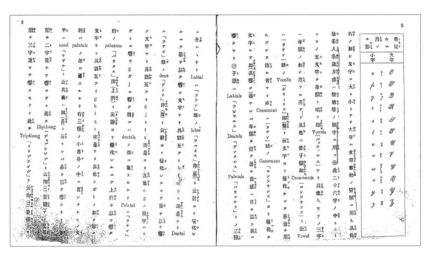

F. ブリンクリー『語学独案内』

第3章 | 日本人と英文法との出会い

　第1部では、日本の「学習英文法」を世界史の流れのなかに位置づけるべく、古代ギリシア以降における文法研究の系譜を簡単に振り返ってきた。

　これをまとめると、18世紀の後半に一応の完成を見た規範英文法とは、16世紀以来加速した、英語の独立と整備に向けた一連の過程のなかで、従来のギリシア語文法やラテン語文法の伝統を活かしつつ、民間における試行錯誤を経ておのずと築かれたものであったということである。

　もちろんそのなかには、従来の伝統を合理的な態度でもって解体しようとする、革新主義的な試みもあったことも事実である。しかし、最終的に生き残ったものは、長い歴史のなかで培われてきた伝統的な体系であった（こうした保守主義的態度は、後述する英文法の大成者・マレー［Lindley Murray］においても顕著であった）。

　本章からはこれらの事実を踏まえ、いよいよもって英文法がヨーロッパの地を離れ、遠い日本の地に到達し、受容される過程に注目していくことにする。

　この事態をもたらしたのはほかでもなく、19世紀イギリス（さらにはアメリカ）のアジア進出であった。とりわけこの脅威を当時の日本の洋学者たちに深く印象づけたのが、アヘン戦争（1840 ～ 42）であった。

図3-1　アヘン戦争

　洋学はこれを機に軍事技術学的性格を強め、その主たる担い手となる武士たちのあいだでは、英語を介した敵国研究（「英学」）が本格化する。そして、迫りくる英米と対峙することを選ぶ彼らは、その研究上の便宜を図るべく、敵国の英文法を摂取しはじめるのである。

3.1　ラウスの規範と合理主義

　前章で見た通り、イギリスの規範文法を一応の成立へと導いた人物はラウスであった。彼はその著作（1762）のなかで、二重否定を否定の意味合いで用いることを排除したほか、この種の規則群を従来の用例や慣習よりも優先させていたこともすでに述べた通りである。

　ここからラウスの理性主義的な態度がうかがえるが、英語学者の渡部昇一によれば、この「理性」こそ、英文法が形作られる際における重要な規準となったという。

　というのも、イギリスでは隣国のフランスとは異なり、王室の慣習を拠り所とした「上からの」規範形成を行える環境が整っていなかったからである。

　また、この理性主義は、当時の合理主義の思潮にも掉さす現象であったことも指摘されている（渡部昇一『英文法を知ってますか』）。

3.2　18世紀後半の技術革新と工業化

　たしかにこうした思潮を反映するように、ラウスが活躍した18世紀の後半とは、後の「産業革命」をもたらす技術革新が相次いだ時期でもあった。具体的にいえば、それをけん引する木綿業の工業化が進行していたのである。

　例えば1764年頃にはハーグリーヴス、1769年にはアークライトにより革新的な紡績機が開発された。また、同じ1769年にはワットにより蒸気機関が改良され、これは後にアークライトの紡績機にも取りつけられた。1779年にはクロンプトンによりミュール紡績機も発明され、これにより木綿業関連の技術革新はほぼ一段落する。

　19 世紀に入ると、交通や輸送の手段における革新も相次いだ。1807 年には、アメリカ人のフルトンにより蒸気船が実用化されたほか、1814 年にはスティーヴンソンにより実用的な蒸気機関車が製作された。1825 年にはこの蒸気機関車がストックトン・ダーリントン間を走行し、いよいよもって鉄道時代の幕が切って落とされることになる。

　こうした動力、輸送、生産上における一連の革新を経て、世界最初の「産業革命」を達成したイギリスは、やがて「世界の工場」として世界経済の覇権を握ることに成功する。これに伴い海外植民地の重要性も増し、これらと本国を結ぶ海上航路も開拓されていくことになった。

3.3　イギリスのアジア進出

　1757 年のフランスとのプラッシーの戦いを経てインド経営の主導権を握ったイギリスは、1786 年にマレー半島中部西岸の島であるペナンに進出した。1795 年には同じくマレー半島に位置し、インド洋と南シナ海を結節するマラッカにも進出している。

　翌年、オランダ領セイロン島にも進出したイギリスは、やがて同島全域を支配下に置いたうえで、1819 年、後の東南アジア地域の最大の拠点となるシンガポールにも進出した。ここは 1826 年以降、ペナンやマラッカとともに海峡植民地を形成することになる。

　1839 年には、アラビア半島の南端に位置し、紅海への入り口となるアデンも獲得した。これはその 2 年前に即位したヴィクトリア女王（在位 1837 ～ 1901）の治世における最初の領土獲得となった。

　こうして他のヨーロッパ諸国と競合しつつ、紅海からインド洋、南シナ海へといたる海上航路の拠点を押さえたイギリスであったが、この過程で彼らはすでに東アジアにもその姿を見せていた。なかでも、本書の関心から注目されるのが

図 3-2　ヴィクトリア女王

フェートン号事件である。

3.4　フェートン号事件の衝撃と英語学習

　この事件は1808年8月、オランダ国旗を掲げた1隻の異国船が、長崎湾の沖合に姿を見せたことからはじまった。

　異国船を発見した長崎奉行所はさっそく、この船がオランダ船であることを確認すべく、検使と通詞（通訳兼商務官）、オランダ商館員らを派遣した。ところがその異国船は突如商館員2名を連れ去り、掲げていたオランダ国旗をイギリス国旗に掲げかえた。

　じつはこの船はイギリスから来航した軍艦であり、その名前はフェートン号であった。艦長はいまだ19歳の若者であり、彼らの目的は当時のナポレオン戦争に伴い対立していたオランダの船を拿捕することであったとされている。

　彼らは武装して長崎湾内を捜索し、オランダ船がいないことを確かめると、今度は日本側に対し、拘束した人質の解放と引き換えに薪水と食料を要求した。さらにこの要求に応じなければ、湾内の船舶を焼き払うことをもあわせて警告したのである。

　当時の長崎奉行・松平図書頭康英はこの申し出に激怒したが、やむなくその要求を受け入れることにした。すると、この対応を見届けた彼らは、拘束した人質を解放したうえで長崎湾を去っていった。

　こうして事件は終息したものの、責任を痛感した松平康英はまもなくして自刃した。残された遺書のなかには対外的な防備体制の不備を訴える箇所があったとされるが、いずれにせよ数日ものあいだ、英船の狼藉を許した一因が彼らとの意思疎通の欠如にあったことは明らかであった。

　そこで幕府は、まもなくして長崎のオランダ通詞たちに英語学習の命

図3-3　フェートン号

を下した。これが日本における英語学習のはじまりであるとされており、その目的は国防意識にもとづくイギリス人との折衝にあった。

3.5 日本最初の英語品詞論——『諳厄利亜語林大成』

こうして幕命は下ったものの、当然ながらオランダ通詞たちの英語研究は難渋する。それは「東西を弁せずして誠に暗夜を独行するか如く一句片言分明ならず」とされるような状況であった（川澄哲夫編『資料日本英学史 1 上 英学ことはじめ』）。

しかしその成果は早くも1810年の『諳厄利亜言語和解』、および1811年の『諳厄利亜興学小筌』（別名『諳厄利亜国語和解』）としてまとめられた。これらはいずれも入門者向けの英単語・会話集といえるものであった。

前者の『諳厄利亜言語和解』は全部で3冊からなり、そのうちの第1冊目は後述する吉雄権之助によって仕上げられたものであったとされている。吉雄はそのなかで英語の格や時制に言及していたことが特筆される。

後者の『諳厄利亜興学小筌』の完成を見届けた長崎奉行所は、すぐさま英和辞書の編纂を命じた。そして3年後の1814年、日本最初の英和辞書である『諳厄利亜語林大成』（本木正栄他編）が完成した。

ここでぜひとも注目されるべきは、この辞書の冒頭でこれまた日本最初の英語品詞論が展開されていたことである。そこでは以下の分類が示されたうえで、それぞれに関する簡略な解説が施されていた。

①静詞	②代名詞	③動詞	④動静詞
⑤形動詞	⑥連属詞（一部、連続詞）	⑦所在詞	⑧歎息詞

3.6 漢学にもとづく品詞理解

1つ目の「静詞」とは、現代でいうところの名詞（「実静詞」・「実詞」）と形容詞（「虚静詞」・「虚詞」）を包摂する概念であり、4つ目の「動静詞」とは、現代の動名詞と現在分詞、すなわち動詞のing形に相当する概念で

あった（井田好治「英文法訳語の発達——特に八品詞を中心として」）。

　5つ目の「形動詞」とは現代の副詞に相当し、つづく「連属（続）詞」、「所在詞」、「歎息詞」はそれぞれ接続詞、前置詞、間投詞のことを指していた。

　このうち、前出の「動静詞」をとりあえず分詞の一種と考えれば、上述した①〜⑧までの分類は、伝統的なラテン語文法流のそれとなる。ここから、日本最初の英語品詞論は、先述したラウスが示した分類とは異なるものであったことがわかる。

　なお、これらの用語のなかでは「動」、「静」、「実」、「虚」という文字が使われているが、これらはいずれも当時の漢学における二分法を踏襲したものであった。つまり『諳厄利亜語林大成』の著者たちは、西欧由来の異質な言語の構造を、自らにとりなじみ深い漢学の枠組みに引き寄せて理解していたのである。

　英学史家の井田好治によれば、このうちの「実」とは客体的な概念や事実のこと、「虚」とは主体的な情意のことを指すという（井田好治「日本英学の源流——長崎における英語研究のはじめ」）。

　よって上述した「実静詞」（＝名詞）とは、「動」ではない「静」なることばのうち、客体的な概念や事実を表す「詞」のことになる。また、「虚静詞」（＝形容詞）とは、同じく「静」なることばのうち、主体的な情意を表す「詞」を指すことになる。

　さらに、「形動詞」（＝副詞）とは「動詞」を「形」容する「詞」のことであり、「動静詞」とは、「動詞」と「静詞」の性質を分かち持つ「詞」のことを指していた。

　もっとも「静詞」には上述した「実静詞」（「実詞」＝名詞）と「虚静詞」（「虚詞」＝形容詞）の両者が含まれるから、「動静詞」とは本来、現代の動名詞と分詞に相当しなければならないことになる。

　しかしこれを解説した文章のなかに、現代の過去分詞に相当する説明が見られないため、とりあえずこれは現代の動名詞と現在分詞に相当する概念であると結論せざるを得ないことになる（井田好治「文化年間における長崎の西洋（蘭・仏・英）文法論」）。

　こうした曖昧さは残るものの、全体として見れば、当時の通詞たちが基

本的な品詞論への理解を示していたことは確かである。するとここからは、おのずと次のような疑問が湧いてくるのではなかろうか。すなわち、英語学習開始後まもないはずの彼らが、なぜこれほどの品詞論を展開することができたのであろうか。また、そもそもなぜ彼らは品詞（文法）を論じていたのであろうか。

　この問いに答えていくうえで想起されるべきは、彼らがもともとオランダ語専門の通詞たちであったということである。すなわち、彼らがかねてより従事していたオランダ語学習、ならびに後述する「蘭学」においては、すでに文法を重視する学風が成立していたのである。

3.7　「蘭学」の勃興

　「蘭学」とは、オランダ語文献の解読を通して、ヨーロッパの近代科学や文物を摂取する学問のことを指す。17世紀初頭に開始された日蘭貿易における必要から、オランダ語を学んでいたと推察される長崎の通詞たちとは別に、江戸における蘭学のきっかけを作ったのが8代将軍徳川吉宗（在位1716〜45）であった。

　というのも、彼はもともと西洋の文物に多大な興味を示していたほか、農学や暦学などの学問を振興すべく、漢訳された洋書の輸入を緩和したからである。それまでの期間において、この種の書籍を輸入することは、キリスト教排除や鎖国政策の一環として禁止されていた。

　しかし、やがて当時の漢訳洋書すらその内容が不十分であることが判明し、オランダ語で書かれた文献に直接あたることが得策であると考えられるようになった。吉宗はそこで1740年頃、青木昆陽と野呂元丈にオランダ語の学習を命じたのである。

　このうち「甘藷先生」として知られる昆陽（1698〜1769）は、江戸参府のオランダ人やそれに随行する通詞たちの指導を受けながら、オランダ語を精力的に学んでいった。その結果、『和蘭文訳』や『和蘭話訳』、『和蘭文字略考』などの入門書を著せるまでになった。彼は1769年にこの世を去るが、その晩年の弟子の一人には前野良沢（1723〜1803）がいた。

　良沢は1774年、杉田玄白らとともに『解体新書』を完成させたことで

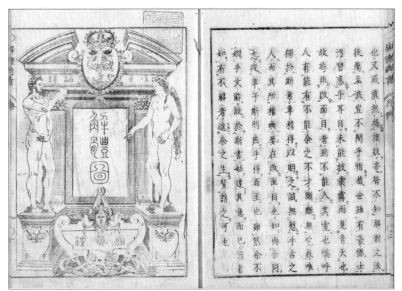

図3-4　『解体新書』

知られている。これはドイツの医家であるクルムスの著作を蘭訳した
『ターヘル・アナトミア』を邦訳したものであった。

　しかしこうした事実にも増して注目されるべきは、当時の「蘭学」にお
いて、いまだ文法なるものの存在は知られていなかったということである。
『蘭学事始』で披瀝された杉田玄白の苦心談を想起してもわかるように、
彼らは文法の助けを借りることなしに蘭書を解読していたのである。

3.8　日本における（蘭）文法研究の祖──中野柳圃

　その方法は学者同士の共同研究を軸とするものであり、彼らはまずオラ
ンダ語の語彙を収集し単語帳を作り、つぎに蘭文に逐一訳語を当てていき、
最後に仲間同士で討議を重ね、自らの専門知識と照らし合わせながら蘭文
を解読していたのである。

　しかしまもなくして、こうした素朴な方法に革命的な変化が訪れる。オ

ランダ語の「文法」が発見されたのである。

　この「文法」の発見と普及において歴史的な役割を果たしたのが、中野
柳圃（志筑忠雄、1760 ~ 1806）であった。彼は1760年に長崎で生まれ、そ
の家は通詞の家系ではなかったものの、養父の跡を継いでオランダ通詞と
なった。しかし彼はまもなくしてその職を辞し、以後自身のオランダ語の
知識を駆使した学究生活を送ることになる。

　柳圃が残した業績としては、その完成までに20年もの歳月を費やした
とされる『暦象新書』（上・中・下のうち、下編の完成は1802年）がまずあげら
れる。これはケプラーの惑星運動論やニュートン力学を解説した蘭訳書を
抄訳したものであった。

　彼はこのほかにもオランダで刊行された蘭文法書にも出会い、それを用
いて品詞論の研究を本格化させた。その成果は、1804年頃の『和蘭詞品
考』などの著作となって結実することになる。

3.9　引き継がれる中野柳圃の学統──馬場佐十郎と吉雄権之助

　『和蘭詞品考』の完成後まもなくして柳圃はこの世を去るが、その学問
は高弟であった馬場佐十郎（1787 ~ 1822）や吉雄権之助（1785 ~ 1831）らに
より引き継がれていく。というのも、柳圃が開拓した文法の知識は、当時
の蘭書解読や、折衝のためのオランダ語学習において多大な便益をもたら
すことが実証されていたからである。

　なかでも前者の佐十郎は、オランダ通詞として柳圃から文法を教えられ
た際、「毎時諸群籍を読誦するの間其章句の本肯を融会発明し自ら知らず
拍手して喜声を発すること数回」であったという。さらに、彼は自らが学
んでいた文法書を「千金の鴻宝」とまで呼んでいる（馬場轂里訳『和蘭文範
摘要　巻之上』）。

　柳圃が没した2年後の1808年、佐十郎は江戸天文方に派遣されることに
なったが、彼はその際に自らが会得した文法を当地の蘭学者たちにも伝え
た。当時の江戸では文法の存在は知られていなかったから、それがもたら
す便益はまことに大きな衝撃とともに認められた。

　一方、長崎に残っていた権之助も、柳圃の高弟として文法の有効性を知

悉していた。彼は佐十郎が江戸勤務をはじめる年に起こったフェートン号
事件を受け、先述した『諳厄利亜言語和解』や『諳厄利亜語林大成』の執
筆に参加したが、彼はそこで自らが会得した文法の知識を黎明期の英語研
究にも移植した。

　したがって後者の『諳厄利亜語林大成』において日本最初の本格的な英
語品詞論が行われた背景には、蘭文法学を開拓した中野柳圃以来の学統が
存在したわけである。

　この学統が権之助を介して引き継がれていくことで、日本の英語研究は
当初から文法的であった。そしてこの学統はその後においても途絶えるこ
とはなく、後に「英学」が「蘭学」にとって代わる時代にいたるまで連綿
と継承されていくことになるのである（茂住實男『洋語教授法史研究──文法
＝訳読法の成立と展開を通して』）。

　ちなみに、前述した『諳厄利亜語林大成』においては、ラテン語文法流
の8品詞が、漢学の概念を経由するかたちで訳出されていたことはすでに
見た通りである。いまのところこれを主に執筆していたのは権之助である
ことはほぼ間違いないと思われるが、かりにこれが正しければ、彼が会得
していた蘭文法、あるいは当時参考にしていた書籍のなかに同様の分類と
訳語を示すものがあり、それが『諳厄利亜語林大成』の品詞論にも活かさ
れていたものと推測される。

3.10　相次ぐ英米船の出没

　当初から文法的にはじめられた日本の英語研究であったが、それはその
後ただちに発展・普及していったわけではなかった。

　前出の『諳厄利亜興学小筌』が完成したのと同じ年である1811年、幕
府天文方に蛮書和解御用が設置された。これは蘭書の翻訳を想定した機関
であり、「蘭学」がいよいよもって「公学」化されたことを示す。当時の
洋学といえばやはり蘭学が主流であった。

　しかしだからといって、その後の時代においてイギリスやアメリカの存
在感が後退していったわけではない。むしろ事態はその逆であり、後述す
るアヘン戦争とペリー来航を経て、蘭学は次第に英学にとって代わられる

ことになるのである。

例えば 1818 年、イギリスの商船である
ブラザーズ号が日本との交易打診のために
浦賀に来航した。さらにその 4 年後の 1822
年には、イギリスの捕鯨船であるサラセン
号がふたたび同地に来航した。

1823 年には水戸藩領会瀬付近で漁民が
イギリス捕鯨船と接触する事件が起こり、
また、1824 年には同じく水戸藩領大津浜に
イギリス人捕鯨員たちが上陸し、捕縛され
る事件も起きた。さらに同年、西南諸島の
宝島にもイギリス捕鯨船が来航し、当地勤

図 3-5　会沢正志斎

務の薩摩藩役人との交戦の末、イギリス人 1 名が殺害されている。

1837 年、今度はアメリカ商船・モリソン号が浦賀と薩摩藩山川港に来
航し、異国船打払令のもとで砲撃される事件も起きた。注目されるべきは、
このときすでに後期水戸学者・会沢正志斎の『新論』(1825) が著されて
おり、いよいよもって攘夷の思想が普及しはじめていたということである。

3.11　アヘン戦争の衝撃

1840 年、日本の隣国である清国でアヘン戦争が勃発した。これはアヘ
ンの密貿易に象徴されるイギリスの自由貿易政策をめぐる清英両国の積年
にわたる対立が原因であった。

戦争開始直後からイギリス軍は清国軍を圧倒し、ついに 1842 年に南京
条約が締結された。これにより広州や厦門、福州、寧波、上海の開港が決
定したほか、香港島がイギリスに割譲された。

清国敗退の報せはすぐさま日本に渡航していたオランダ船を介して幕府
に伝えられた。また、同じ情報は当時の先覚的な知識人にももたらされた。

とりわけ後者の者たちにとり、清国敗退の報せはまことに大きな衝撃で
あった。なぜならそれまでの日本の学問とは、主として漢学に代表される
儒教的道徳観念論が中心であり、これを生み出した清国こそが学問上の先

進国であったからである。

　しかしその清国が、アヘンを売りつけるイギリスの前に敗れ去ってしまった。これはイギリスへの危機感を駆り立てるとともに、従来の日本の学問研究のありように深刻な動揺をもたらした。

　すなわち、それまでの儒教的道徳観念論が、西欧の軍事技術に太刀打ちできないことが実証された以上、日本が清国の二の舞を踏まないためにも、従来の「虚学」から「実学」への知の転換が急務とされるようになったのである。

3.12　「兵学」としての「英学」

　この情勢のなかで成立していく洋学が「英学」であった。それは先行する「蘭学」とは明らかにその性格を異にしていた。

　「蘭学」の場合、それはもとより西洋文物の新奇さに刺激されてはじまったという側面があり、しかもその中心は天文学や地理学、医学であった。さらに民間の篤学家や好事家たちが果たした役割が比較的大きかったことも特筆される。

　これに対し「英学」は、イギリスの圧倒的な軍事力を前にした敵国研究としての性格が強く、その対象も少なくともその創始期においては、西欧の思想文化や科学よりも、軍事技術に重きが置かれていた。

　英学史家・小林敏宏も指摘するように、「英学」とはすなわち「兵学」であり（小林敏宏「英学思想史への一視角——兵学と英米地域研究の弁証法的変容に関する考察」）、その主たる担い手となったのも純然たる武士階級の者たちであった。

　少々時代が下るが、当時の者たちが「英学」に臨むに際して抱く精神は以下のように表現された。前者は幕末の西洋兵学者・思想家で信州松代藩士であった佐久間象山

図3-6　佐久間象山

（1811〜64）の『省諐録』（1854）、後者は薩摩藩士による『和訳英辞書』（1869）からの引用である。

　　夷俗を馭するは、先づ夷情を知るに如くはなく、夷情を知るは、先づ夷語に通ずるに如くはなし。ゆえに夷語に通ずるは、ただに彼を知るの階梯たるのみならずして、またこれ彼を馭するの先務なり

　　皇国に英学の行わるるは他に非す所謂彼の長を取り我の短を補わんか為なり其の長を取り短を補うは皇化を万国に輝かさんが為なり

　ここには迫りくる英夷に対峙しようとする精神、すなわち日本の植民地化を阻止すべく、まずは英夷の言語を通して英夷を知り、そこで得られた英夷の術でもってついには英夷を撃退するという戦略的思想（さらに、ゆくゆくは皇威を世界化するという、後の「大東亜共栄圏」にも連なる思想）が込められている。
　この種の精神は、しばしば「東洋道徳・西洋芸術」（佐久間象山）、あるいは「採長補短」といった、いわゆる「和魂洋才」型の受容原理として言い表された。

3.13　"武器"としての英文法
——日本最初の本格的な英文法書・『英文鑑』

　——英国を知るためには英書を解読することが得策である。そして英書を解読するために有効な術となるのが英文法である。しかし当時においてはこの英文法の知識が満足なかたちで存在しない。よって「国家不虞」のためにもここに英文法書を訳述する——
　このような国防精神でもって著されたのが、日本最初の本格的な英文法書である『英文鑑』（1840〜41）であった。著者は幕府天文方見習の渋川敬直（1815〜51）であり、彼はアヘン戦争中に藤井質の協力を得ながら、リンドレー・マレー（Lindley Murray, 1745〜1826）の英文法書である *English Grammar, Adapted to the Different Classes of Learners* の蘭語訳版を重訳

したのである。

　注目されるべきは、ここで渋川が、先述した「英学」の精神を先駆的か
つ忠実に実践していたことである。というのも、彼は江戸に文法を伝えた
馬場佐十郎以来の学統を活かしつつ、新たな脅威である英夷の撃退のため
の知的武器を、まさにその英夷の手から摂取していたことになるからであ
る。

　なお、渋川が実践した、外国由来の文法を用いて逆に外国を制す戦略は、
敵国研究としての「英学」から派生した、後の近代的「英語教育」制度に
も継承されていくことをあらかじめ紹介しておく（第3部第10章参照）。

3.14　リンドレー・マレー

　日本の植民地化を防ぐための武器とされた英文法であったが、それでは
そもそもそれを著したリンドレー・マレーとはいかなる人物であったのだ
ろうか。じつはまことに皮肉なことに、マレー自身は、当時の「英学者」
たちが見せる戦闘的精神とはまったくといっていいほど無縁の人物であっ
た。

　なぜなら彼はもともと1745年にアメリカはペンシルヴァニア州で生ま
れ、その後イギリスに移住したクエーカー教徒であったからである。彼が
生まれた一家も同じくクエーカー教徒であり、その父は製粉業や貿易業な
どを手掛ける実業家であった。

　マレーは幼少の頃、後のペンシルヴァニア大学へと発展するアカデミー
で文法重視の教育を受けている。その後1753年に一家はニューヨークへ
と移住し、マレーも父の会社に勤めるかたわら、文芸や古典語、科学への
愛着を深めた。

　しかし彼は17、8歳を過ぎてからは法律学に傾斜するようになり、やが
て弁護士資格を得たうえでニューヨーク州で開業した。

　マレーの弁護士業は大きな成功を収めたが、折しも彼が30代を迎える
1775年からはアメリカ独立戦争が勃発している。彼はクエーカー教徒ら
しくいっさい戦争には加わらず、また重病を患ったこともあり、妻を伴い
ロングアイランドに移住した。彼はそこで狩猟や釣り、帆走に興じる日々

を送っていたとされる。

　彼はその後一時的に実業につくことは
あったものの、かねてからの病にくわえ、
十分な蓄財があったこともあり、ついに
1783 年、ニューヨーク市郊外のハドソン
河畔に隠棲した。

　そして、翌年には、イギリスはヨーク近
くのホールゲイトに移住し、以後二度とア
メリカの土を踏むことはなかった。

3.15　マレーの文法

図 3-7　リンドレー・マレー

　移住後のマレーは静かに読書と思索にふける日々を送っていたが、ある
とき自宅の近くにクエーカー教徒向けの女学校が設立されることになった。
そして彼は、そこで働く教師たちから生徒向けの英文法書を執筆するよう
に依頼を受けたのである。

　マレーはもともと大変謙虚な人物であったこともあり、しばらくのあい
だ逡巡するもこれを承諾し、1794 年からその執筆を開始、翌年に出版した。

　この著作こそ、先述した『英文鑑』の底本となる *English Grammar*
(1795) であった。じつは著者のマレーすら、この書がせいぜい近所の学
校の教科書として使われる程度のものであることを想定していた。しかし
実際には、同書は爆発的な売れ行きを見せ、その売り上げは 1850 年まで
に 150 万部から 200 万部に上ったとされている。その影響は先述したラウ
スのそれを凌ぎ、マレーはついに「英文法の父」と称せられるまでになっ
た。

　それでは、これほどまでの影響を及ぼしたマレーの文法とは具体的にど
のような内容であったのであろうか。

　まず彼の体系がラウスのそれと同じく、規範主義的な立場を明確に打ち
出していたことが注目される。文法は「正しく話し書くことの術」('the
art of speaking and writing the English language with propriety') とされ、
英語を母語とする者たちがその発信の際に依拠すべき規範的な規則の体系

44

となることが期待された。

　全体的な構成は、正書法、品詞論、統語論、韻律論という伝統的区分に従っており、その中核となる品詞論ではおおむね次のような体系が展開された（ここでは南雲堂翻刻版［1806年の15版］を参照した）。

①冠詞（Article）：Definite / Indefinite
②名詞（Substantive or Noun）：Common / Proper
　数（Number）：Singular / Plural
　格（Case）：Nominative / Possessive / Objective
　性（Gender）：Masculine / Feminine / Neuter
③形容詞（Adjective）
　比較（Comparison）：Positive / Comparative / Superlative
④代名詞（Pronoun）：Personal[※1] / Relative[※2] / Adjective[※3]
　　※1　人称（Person）：First / Second / Third
　　※2　Interrogatives は、Relative pronoun の一部
　　※3　Adjective: Possessive / Distributive / Demonstrative / Indefinite
⑤動詞（Verb）：Active（Transitive）/ Passive / Neuter（Intransitive）
　法（Mood or Mode）：
　　Indicative / Imperative / Potential / Subjunctive / Infinitive
　時制（Tense）：
　　Preset / Past（Imperfect）/ Perfect（現在完了のこと）/
　　Pluperfect（過去完了のこと）/ First future（単純未来形のこと）/
　　Second future（未来完了のこと）
　分詞（Participle）、助動詞（Auxiliary or helping Verbs）
　能動態・受動態（Active voice / Passive voice）
　規則・不規則・欠如動詞（Regular / Irregular / Defective）
⑥副詞（Adverb）：
　Number / Order / Place / Time / Quantity / Manner or quality / Doubt /
　Affirmation / Negation / Interrogation / Comparison
⑦前置詞（Preposition）
⑧接続詞（Conjunction）：Copulative / Disjunctive
⑨間投詞（Interjection）

3.16　マレーとラウスの文法の比較

　マレーの文法は9品詞を基軸としており、これは前章で見たラウスの分類と一致するものであった。さらにこれに含まれる解説のなかでも、'the authority of Dr. Lowth' に依拠する姿勢が見られたから、マレーがラウスの影響を受けていたことがわかる。

　しかし一方で、マレーがラウスのそれとは異なる分析を見せていたことも事実であった。例えば名詞の格について、ラウスはこれを主格と所有格に限定したのに対し、マレーはこれらに目的格を加えた3種類を認定している。

　同様に、代名詞や時制の分類についても両者は異なり、また分詞の扱いについても、ラウスはこれを法の一部と見なしたのに対し、マレーはこれを「動詞の一形式」（'a certain form of the verb'）とすることで、現代の体系に一歩近づく内容となっている。

　なお、前出の図には反映されていないが、マレーは現代の「現在分詞」を 'Present or Active（participle）'、「過去分詞」を 'Perfect or Passive (participle)'（一部 'past participle'）と表記していた。しかし、前者のなかには現代の動名詞が含まれるほか、いわゆる「分詞構文」に相当する概念も見当たらないなど、現代との相違も散見する。

　品詞論につづいて行われるのが統語論であった。そこではまず文の種類として「単文」（Simple Sentence）と「重文」（Compound Sentence）が導入されたうえで、文中の一致（Concord）や支配（Government）などに関する規則が列挙された。さらに二重比較や二重最上級のみならず、二重否定を否定の意味で用いることも誤用とされたから、前章で見たラウスの規則がそのまま踏襲されるかたちとなっていた。

　マレーの体系にはこのように、ラウスの影響が見られることは事実である。しかしだからといって、彼がラウスのように理性に傾きすぎることはなく、逆に従来からの慣習を万能視することもなかった。さらに彼が従来の古典語の枠組みをそのまま英語に適用することもなかったほか、それらを全くもって無視することもなかった。マレーの体系はこうした意味で折衷主義的であり（マレーは自著の中で自らを 'author'（「著者」）とは呼ば

ず、'compiler'（「編集者」）と呼んでいた）、これが英米の教育現場における彼の著作の人気を促す一因となっていたものと考えられる。

3.17　『英文鑑』の歴史的位置づけ

　マレーの文法は出版後次々と版を重ね、その第26版はオランダでも翻訳された。これを手掛けたのは当時アムステルダムの高等学校講師であったコゥアン（F. M. Cowan）であったとされるが、彼はこの過程で原本にもともと存在した正書法と韻律論を削除したと見られている。よってこれをもとにした前出の『英文鑑』についても、必然的に品詞論と統語論のみが訳出されることになった。

　注目されるべきは、この訳出の結果として作られた文法用語が英文法史上きわめてユニークであったことである。以下、杉本つとむ『英文鑑——資料と研究』に従い、マレーの品詞論に見られる主要概念の訳語をまとめてみた。

英文鑑	現用語	英文鑑	現用語	英文鑑	現用語	英文鑑	現用語
冠辞	冠詞	添名辞	形容詞	動辞	動詞	過了未来	未来完了
指実冠辞	定冠詞	平等	原級	能動辞	他動詞	助辞	助動詞
不指実冠辞	不定冠詞	較等	比較級	所動辞	受身動詞	分領辞	分詞
名目辞	名詞	極等	最上級	中動辞	自動詞	現在分領辞	現在分詞
公称名目辞	普通名詞	指名辞	代名詞	明説様	直説法	過去分領辞	過去分詞
私称名目辞	固有名詞	称呼指辞	人称代名詞	分付様	命令法	正格動辞	規則動詞
陽性	男性	第一位	第一人称	許可様	可能法	拗格動辞	不規則動詞
陰性	女性	第二位	第二人称	虚構様	仮定法	添旁辞	副詞
中性	中性	第三位	第三人称	寛説様	不定	処前辞	前置詞
単員	単数	連名指辞	所有代名詞	現在	現在	連句辞	接続詞
畳員	複数	示指辞	指示代名詞	過了現在	過去	歎声	間投詞
第一嚊	主格	問指辞	疑問代名詞	過去	現在完了		
第二嚊	所有格	承接指辞	関係代名詞	過了過去	過去完了		
第四嚊	目的格	寛指辞	不定代名詞	未来	未来		

　こちらの表を見ても、右側の現用語の注記がなければ、それぞれの用語がいったい何を表しているのかかなりわかりづらいのではなかろうか。

　このことが象徴するように、『英文鑑』じたい、少なくとも日本の英文法史上においては比較的孤立的な存在であった。本書は一般向けに公刊さ

れることもなければ、版を重ねることもなく、これに関連する参考書や翻刻書の類もほとんど刊行されることはなかったのである。

　ちなみに、明治を目前にした1866～67年頃、マレーの文法書の簡約版を翻刻した『モルレイ氏英吉利小文典』が出されている。しかしこれについても、すべて英文で記されているにもかかわらず参考書が出版されておらず、また、当時における普及の形跡も認められない。

　つまり規範英文法の大成者であるマレーの文法は、たしかに幕末期の日本に輸入されていたのである。また、その内容も従来の『大成』のそれとは異なり、英語の組織を網羅した本格的なものであった。

　しかしだからといって、その後の日本の英文法がマレーを起点として展開したごとくに捉えるのは行き過ぎであり、実際には次章において扱う舶来の小英文法書（むろんこれらの内容がマレーの影響を受けていたことは否定できない）が及ぼす影響の方がはるかに大きかったのである。

第4章 本格化する英文法の「作り変え」
——幕末〜明治初年期

4.1 蘭学から英学へ

『英文鑑』（1840〜41）の著者である渋川が、マレーの文法書をそのオランダ語版を介して重訳したことは、少なくとも次の2点において時代を先取りするものであったといえる。

第1に、彼が英船の「出没於我東海」を想定しつつ、将来における英学の重要性を見越していたこと。第2に、彼がその学問の手段である英文法にはじめから素手で立ち向かおうとせず、既存のオランダ語の知識を活用して間接的に対処していたことである。

事実、英（米）船の「出没」はその後も相次いだ。1846年には、アメリカの東インド艦隊司令長官ビッドルが浦賀に来航し、日本との通商を要求した。1849年には、イギリス軍艦マリナー号が同じく浦賀沖に来航し、江戸湾の測量を行っている。

そして、ついに1853年にはアメリカのペリー提督が浦賀に来航し、翌年には日米和親条約、1858年には日米通商修好条約が締結された。

この情勢のなか、幕府は1855年に従来の天文方から独立した新しい洋学教育・研究機関である「洋学所」を開設した。これは翌年以降「蕃書調所」や「洋書調所」、「開成所」と改称されていき、1860年からは英学の端が開かれたとされている（大村喜吉・高梨健吉・出来成訓編『英語教育史資料 第5巻』）。

また同時期には、それまで蘭学に従事してきた福沢諭吉が、「それから以来は一切万事英語と覚悟を極めて」英学へと転向する、いわゆる「英学発心」も起きたとされ

図 4-1　福沢諭吉（1862 年）

49

ている（福沢諭吉著・富田正文校訂『新訂 福翁自伝』）。

　このような幕末の蘭英過渡期的状況は英文法についてもあてはまり、1857年にはオランダ語で著された入門者向けの英文法書が相次いで翻刻されている。

　1つは美作の津山藩・宇田川塾の『英吉利文典』であり、これはフェルハニイ（Vergani）の著した *Engelsche Spraakkunst* を底本とするものであった。

　また、越前・大野藩からは、ファン・デル・ペイル（Van der Pijl）の *Engelsch Leesen Vertaalboekje* が同じく『英吉利文典』として、さらには同じ著者の *Gemeenzame Leerwijis* も長崎で翻刻された。

　これらの事実より、当時における英学の重要性が全国的に認識されつつあったこと、ならびに黎明期の英文法が──むろん文法重視の伝統を含め──終焉期の蘭学の土壌のなかで育まれていたことがあらためて確認できる（豊田實『日本英学史の研究』）。

4.2　幕末英文法の中心・『英吉利文典』

　こうしたなか、やがてオランダ語を介さない日本最初の英文英文法書が翻刻された。手塚律蔵（西 周助閲）による『伊吉利文典』（刊行年の記載なし）がそれで、これは1851年に帰朝した中浜万次郎が持ち帰った本の1冊、すなわちイギリスはロンドンで出版された *The Elementary Catechisms, English Grammar* を底本としていた。

　『伊吉利文典』は後に開成所版『英吉利文典』となり、その翻刻は1871（明治4）年にいたるまでつづけられた（石原千里「『英吉利文典』（木の葉文典）各版について」）。さらに、これに付随する参考書として、『英吉利文典字類』（足立梅景編述、1866）や『挿訳英吉利文典』（阿部友之進、1867）などが相次いで刊行されたことからもわかるよ

図4-2　中浜万次郎

うに、本書は幕末英文法の中心的な存在となった。

　これを示すように、国語辞書『言海』（1889〜91）の著者である大槻文彦は次のように回想している。「当日唯一の英文典なりしかば凡そ英学に入る程の者は此書より入らざるはなかりき。［中略］今の洋学家の四十歳以上の人にして此文典の庇蔭に頼らざりし人はあらざるべし。文彦も其一人

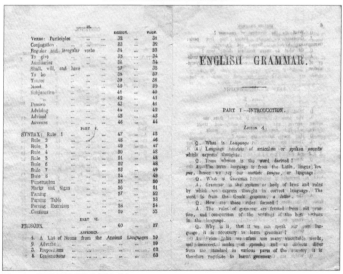

図4-3　開成所版『英吉利文典』

に漏れずして此書より英学に入れり」と（大槻文彦「和蘭字典文典の訳述起源」
1902年）。

　また、津田梅子の父である津田仙も次のように回想している。「中浜が
文典を一冊持っていた。それを私共の中で借りて来て、先づ之を写すと云
う騒ぎだ。［中略］手塚先生は、其内に英学と云うものが、だんだん流行す
るようになるだろうからと云って、この文典を筆耕生に書かせて、木版に
した」と（津田仙「洋学の伝来」『英文新誌』1903年）。

　彼らの「英学」の記憶に刻まれた『英吉利文典』は、元々60頁あまり
の薄っぺらな小冊子であったから、やがて「木の葉文典」とのあだ名がつ
けられ、親しまれた。

4.3　引き継がれる「英学」──明治初年期

　『英吉利文典』を用いた「英学」が興隆するなか、時代は幕末の動乱を
経てやがて明治となった。

　1868（明治元）年、明治天皇はさっそく「五箇条の御誓文」のなかで次
のように宣布している。「智識を世界に求め大に皇基を振起すべし」と。

　これを受けた政府も、新たに欧米列強を目標とした「富国強兵」と「殖
産興業」を掲げつつ、西洋文明の移入と国家の近代化に向けた政策を強力
に推進していった。

　その際に重視されたのが教育であった。彼らは、各地における教育機関
の整備やいわゆる「お雇い外国人」の投入、さらには政府留学生の派遣等
に多額の予算をつぎ込んだのである。

　一方で、民間における洋学系私塾の隆盛もまた目覚ましかった。なかで
も比較的その整備が遅れた官立機関とは一線を画して創立されていた慶應
義塾は、学界の頭目的存在であった。同塾は、明治中期にいたるまで英学
者養成の中心的な機関となったのである。

　当時の英語は、現代とは異なり、欧米の知識文物を移入するための手段
として位置づけられていた。これに関連して、慶應義塾の福沢諭吉は
1870（明治3）年に次のように述べている。

　「学問をするには、まず学流の損失よりも、我が本国の利害を考えざる」

をえず、「方今、我が国に外国の交易始り、外国人の内、あるいは不正の
輩ありて、我が国を貧にし我が国民を愚にし、自己の利を営んとする者
多」い。よって、「この時にあたって外人のはばかるものは、ひとり西洋
学のみ。ひろく万国の書を読て世界の事状に通じ、世界の公法をもって世
界の公事を談じ、内には智徳を脩て人々の独立自由をたくましゅうし、外
には公法を守て一国の独立をかがやかし、はじめて真の大日本国ならず
や」と（山住正己編『福沢諭吉教育論集』）。

　ここで福沢が英語ではなく「西洋学」の重要性を語っていることが注目
されるが、この「西洋学」のなかに「英学」が含まれることはいうまでも
ない。

　強調しておきたいことは、この「英学」が、当時における欧米列強との
対峙の精神、さらには「世界」にコミットする「大日本国」という主体の
確立と連動していたということである。

　つまり幕末以来の「兵学」的な「英学」精神は明治以降も基本的に継承
されていたのであり、それは現代のわれわれが想像するような、英語の習
得それじたいを目的とする、価値中立的で専門的な技術の訓練とは大きく
異なるものであった。

　したがって「英学者」とは「英語屋」や「英語青年」とは対極的な存在
であり、また、専門的な「英語学者」や「英文学者」、「英語教育学者」で
もなかった。彼らは英書を介して欧米の知識文物を摂取し、総合的な視野
を養いつつ、国家の近代化とその世界的地位の向上のために貢献する知的
エリートであった。

　これに関連して、外山滋比古（1923 〜 2020）は、「現代の英語教育者が明
治の英学者と違うのは、英学者に壮大な気宇があった点である」、「明治の
語学は、技術ではなくて、精神であった」と言及しているが、言い得て妙
である（外山滋比古『外国語を考える』）。

4.4　明治初年期における英文法――ピネオとカッケンボスの文法書

　幕末から明治10年頃まで慶應義塾に在籍していたとされる後藤牧太は、
当時用いられた書籍について次のように回想している。

　　教科書は、始めは先生（福沢先生）が米国から購って来たのであっ
　て、すべて米国の書物でありました。文典には、ピネオ、クッケンボ
　ス、とか、歴史には、パーレー、マルカム、グードリッチとか、物理
　書には、カッケンボス、ガノーとか、数学にはロビンソンとか、経済、
　修身、心理には、ウェーランドとか云うように、皆米人の著書でした、
　併
し後には、英国の書物が、大分行われて来て、バックルの開化史と
　か、ミルの論理学、経済書とか、スペンサーの教育学だの、哲学書な
　どが、用いらるるようになりました

　　　　　　　　　（後藤牧太「三十年前の慶應義塾」『教育時論』1902年）

　現代とは異なり、多岐にわたる学問を英書を介して行う「英学」の様子
がうかがえるが、慶應義塾では、これらの書を解読する手段として、さら
には英語で正確に発信する手段として文法が重視されていた。
　すなわち彼らの言葉を借りれば、「文法を知らざれば、書を読みて、そ
の義理を解する事、能わず。我が言葉をもって我が意を達するに足らず」
というのである（山住正己編『福沢諭吉教育論集』）。
　しかし上掲の回想が示すように、「英学」が本格化してまもない当時に
おいては、その文法の知識すらいまだ輸入された原書に頼らざるを得ない
状況であった。
　その際に広く用いられたのが、後藤のいう「ピネオ、クッケンボス」の
小文法書であり、前者はT. S. Pinneoの*Primary Grammar of the English
Language: for Beginners*、後者はG. P. Quackenbosの*First Book in English
Grammar*のことを指していた。
　両者はともにアメリカから輸入されたものであり、幕末の『英吉利文
典』全盛後における英文法学習の中心となった。その翻刻や虎の巻の出版
は、少なくとも明治20年代にいたるまでつづけられたのである。

4.5　『英吉利文典』、ピネオ、カッケンボスの文法書の内容

　それでは、幕末の『英吉利文典』をはじめ、ピネオやカッケンボスの文
法書には具体的にどのような内容が盛り込まれていたのであろうか。ここ

ではまず『英吉利文典』の冒頭部を確認してみよう。

Q. What is *Language*?

A. Language consists of articulate or spoken sounds which express thoughts.

Q. From whence is the word derived?

A. The term language is from the Latin, lingua, *tongue*, hence we say our mother *tongue*, or language.

Q. What is GRAMMAR?

A. Grammar is the system or body of laws and rules by which we express thought in correct language. The word is from the Greek gramma, a *letter*.

Q. How are these rules formed?

A. The rules of grammar are framed from old practice, and comparison of the writings of the best authors in the language.

Q. Why is it, that if we can speak our own language, it is necessary to learn grammar?

A. From habit we often use many unsuitable words, and incorrect wodes〔ママ〕of speech; and as dialects differ from the standard in various parts of the country, it is therefore requisite to learn grammar.

（『英吉利文典』第6版、1867年）

　一読してわかるように、『英吉利文典』の内容は英語の母語話者に向けて 'the standard' を教えるための規範英文法であり、同じことは明治期のピネオとカッケンボスの文法書にもあてはまる。また、その説明はすべて英語で行われていたほか、その形式が 'catechism'（問答）を採用していたことも特筆される。

　『英吉利文典』の構成は、上掲の 'Introduction' にはじまり、正書法、品詞論、屈折論（'Inflection'）、統語論、韻律論の6部であった。ただしその大半は品詞論と屈折論に割かれており、これと同じ傾向は明治期の英文法書にもあてはまる。ここから当時の文法学習が、「語」を単位とする品詞論を中心としていたことがうかがえる。

　品詞分類については、いずれの文法書においてもラウス、マレー以来の分類法が継承されていた。すなわち、カッケンボスの文法書ではこれらと同じ9品詞体系、一方のピネオの文法書と『英吉利文典』ではこれから冠詞を除いた8品詞体系が展開されていた。ここから現代と同様の品詞分類の方法は、すでに幕末から明治初年期の時点で日本に定着していたといえる。

　それでは以下、それぞれの品詞ごとの内容を概観してみよう。

4.5.1 品詞論の内容

名詞論、代名詞論

　名詞論ではまず、'A *Noun*, from the Latin word nomen, *name*, is the name of persons, places, things, qualities, or principles' などとされたうえで、'Nouns are declined by NUMBER, GENDER, and CASE.' とされ、もっぱら語形変化の側面から「数」や「性」、「格」が導入された。

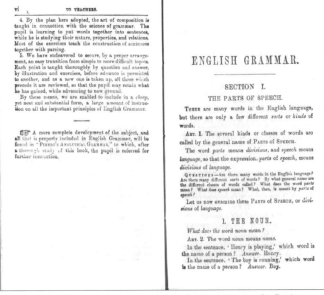

図4-4　T. S. ピネオ *Primary Grammar of the English Language: for Beginners*

　そのうえで、複数形の作り方やその例外をはじめ、複数形自体を許容しない名詞、あるいは「性」の区別（例：man-servant, maid-servant）などが解説された。

　「格」についても、基本的にマレー以来の3種類（「主格」、「所有格」、「目的格」）が踏襲されたうえで、所有格'sの付与規則（例：Horses' mouths）などが解説された。

　名詞の種類としては、ラウス、マレー以来の「普通名詞」や「固有名詞」にくわえ、「集合名詞」（'collective noun'）や「抽象名詞」（'abstract nouns'）も導入された。

　しかし、この時点においてはまだ「物質名詞」が導入されることはなく、またその解説全般についても上述の形式変化や主要概念の定義に終始していることが特徴的であった。

　代名詞論においても同様に、その定義と基本機能が示されたうえで、「人称代名詞」（'personal pronoun'）や「関係代名詞」（'relative pronoun'）、「疑問代名詞」（'interrogative pronoun'）が導入された。さらに、現代の「指示代名詞」や「不定代名詞」に相当する概念（Demonstratives / Indefinites）も導入された。

　しかし、ここでもその解説の中心は語形変化であり、例えば 'I-My-Me' や 'He-His-Him', 'Who-Whose-Whom' といった定番の活用が列挙されたのである。

　現代のわれわれを悩ませるであろう「関係代名詞」については、幕末の『英吉利文典』においてその概要が論じられていた。すなわち 'A Relative Pronoun is one which refers or relates to a noun, or a sentence going before, which is named its antecedent.' とされたうえで、'Who is only used when we speak of persons' 'Which is applied either to animals or things' 'That may be used indiscriminately' と解説された。

　最後にあげられたthatの先行詞については、カッケンボスにより、(1)「人＋モノ」（'both persons and things'）のとき、(2) whoのとき、(3) 最上級が含まれるとき、(4) sameやall等に後続するときという条件が提示された。

　くわえて、関係代名詞whatの用法やwhoever, whicheverなどの存在も指

摘された。しかし一方で、関係代名詞の「制限用法」や「説明用法」といった区分が明示されることはなく、またその省略についても論じられることはなかった。

形容詞論、副詞論

形容詞論と副詞論の中心は「比較」についてであった。そこでは 'Adjectives are varied by Comparison.' などとされながら、「原級」（'positive degree'）と「比較級」（'comparative degree'）、「最上級」（'superlative degree'）が導入された。

そのうえで、～ er や～ est の付与規則やその例外をはじめ、more や most の付与に関わる音節規則（例：sweeter, more lovely）、比較自体を許容しない形容詞、さらには 'bad-worse-worst' 'good-better-best' などの定番の不規則変化が紹介された。

ただし、現代において見られるような「比較」に関連するイディオムや構文が紹介されることはなく、また比較級の強調も扱われることはなかった。さらに、形容詞の「制限用法」や「叙述用法」といった区分も存在せず、個別の形容詞や副詞の意味が論じられることもなかった。

なお、形容詞の一部とされることがあった「（定・不定）冠詞」（'definite / indefinite article'）についても、その意味用法が注目されることはほとんどなかった。かりに注目されたとしても、その原義の確認にとどまる場合が多かった。

動詞論

動詞はもともと 'the most difficult and the most important of the parts of speech' と見なされていたため、比較的多くの頁数がその解説に割かれていた。

しかし、その大半は従前と同じく形式変化に関するものであり、この枠組みから「時制」（'tense'）や「法」（'mood / mode'）、「態」（'voice'）、「規則動詞」（'regular verb'）、「不規則動詞」（'irregular verb'）などが導入された。

このうち「時制」については、すでに幕末の『英吉利文典』において、

「現在形」（'present tense'）や「過去形」（'past tense'）、「未来形」（'future tense'）が導入されていた。また、それぞれの完了形や進行形の存在も指摘された。

ただし、現代とは異なる言い回しも散見し、例えばカッケンボスの文法書では、「過去」が 'Imperfect'，「現在完了」が 'Perfect'，「過去完了」が 'Pluperfect'，「未来」が 'First Future'，「未来完了」が 'Second Future' と表現されていた。

しかしこのことにも増して注目されるべきは、いずれの文法書においてもこれらの形式変化が強調されるあまり、それらの意味用法の解説がほとんど行われていなかったことである。

例えば現在完了の説明を見ても、わずかに 'a past action or state as completed at the present time' を示すとの説明が行われるのみであり、いわゆる「3用法」などという枠組みが提示されることはなかった。また、現代であれば注目されるであろう already や since, for, yet, ever などの語法規則についても、いっさい論じられることはなかった。

「法」についてはマレー以来の5種類、すなわち「直説法」（'Indicative'）、「仮定法」（'Subjunctive'）、「不定法」（'Infinitive'）、「可能法」（'Potential'）、「命令法」（'Imperative'）が踏襲された（例外的にピネオはこれらに「分詞法」を加えている）。

このうち、「不定法」や「可能法」、「命令法」は現代のわれわれにとってはなじみが薄いが、これらはおおむね「不定詞」、「助動詞」、「命令文」に相当するものと考えてよい。

1つ目の「不定法」については、文字通り「法」の一部とされていたこともあり、現代のわれわれが知る「準動詞」という概念はいまだ導入されることはなかった。また、これに含まれるべき「動名詞」は「分詞」の一部とされていた。

「可能法」については、関連する「助動詞」（'auxiliary verb'）という概念は導入されていたものの、それらが持つ複雑な意味用法が論じられることはなかった。

このことと関連して注目されるのが、当時の「助動詞」が、現代の「知覚動詞」や「使役動詞」と区別されることなく一括して説明されていたこ

とである。

　例えば幕末の『英吉利文典』を見ると、そこでは後続する動詞がto を
とらない原形不定詞であることにかんがみ、'The *to* of the infinitive must
be omitted after the verbs *bid, can, dare, feel, hear, let, make, may, must,
need, shall, see,* and *will.*' と説明されていた。

　つまり feel や hear, let などの「知覚」性や「使役」性がいまだ注目され
るにいたっておらず、したがってここから「知覚動詞」や「使役動詞」な
どの概念が生まれてくるはずもなかった。

　つづく「態」の単元では、例えばピネオにより「能動態」('active
voice') と「受動態」('passive voice') が導入されており、また後者の運
用が基本的に「他動詞」('transitive verb') に限られることも指摘されて
いた。

　しかし一方で、「自動詞＋前置詞」を使った受動態の作り方や、「不特定
多数」を示す動作主への対応、あるいは受動態を用いたイディオムや構文
等が扱われることはなかった。

　同様に、現代の動詞論の中核をなすであろう「基本５文型」や「補語」
もこの時点では導入されておらず、また「意味上の主語」や「（独立）分
詞構文」といった概念も存在しなかった。

　くわえて、これらについては本来他品詞のところで言及されるべきで
あったが、「全否定・部分否定」や「形式主語・形式目的語」、「無生物主
語」といった概念も導入されていなかった。

「話法」と「時制の一致」

　現代の学習者を悩ますであろう「話法」についても、その概念じたいが
導入されておらず、したがって「直接話法」や「間接話法」といった区別
はおろか、これらの転換規則が論じられることもなかった。

　また、この項目に関連するはずの「時制の一致」についても同様であり、
例外的にピネオが下記の言及を行うのみであった。

> *What general errors with regard to the use of the verb may be here
> specified?*

> ERROR 1.—In stating a general truth avoid using a past tense; as, His reasoning proved that there *was* a God. (*is*.)

　ここで述べられている内容は、従属節がいわゆる「不変の真理」に該当する場合のことであるが、そもそもこれは「時制の一致」の例外として論じられるべきなのではなかろうか。

　しかし、前述のように「時制の一致」という原則じたい論じられることはなかったから、ここではこの原則がすでに読者にとり了解済みのものとされていたことがわかる。

前置詞論、接続詞論、間投詞論

　現代の体系との違いが最も際立っていたといえるのがこれらである。なぜなら、そこではそれらの定義や統語的特徴が紹介されるのみであり、それらの多様な意味が論じられることはなかったからである。以下のピネオによる前置詞と接続詞の解説が示すように、それらの具体例が列挙されるのみであった。

> *Will you give a list of the principal prepositions?*
> ART. 42. PREPOSITIONS. About, above, across, after, against, along, amid, among, around, at: before, behind, below, beneath, beside, besides, between, betwixt, beyond, by: concerning: down, during: except, excepting: for, from: in, into, instead of: notwithstanding: of, off, on, over, out of: regarding, respecting, round: since: through, throughout, till, to, touching, toward: under, underneath, unto, until, up, upon: with, within, without.
>
> *Will you give a list of the principal conjunctions?*
> ART. 45. CONJUNCTIONS. And, although, also, as: because, both, but: either, except: for: if: lest: neither, nor, notwithstanding: or, provided: since, so, still: than, that, then, therefore, though: unless: wherefore, whether: yet.

4.5.2　『英吉利文典』および、ピネオとカッケンボスの文法書の特徴

　以上見てきたように、幕末から明治初期にかけて輸入された英文法書の内容は、少なくとも現代の体系を知るわれわれの目から見れば、大変に貧弱なものであったといえる。

　もちろん当時の文法書にも、現代にまで受け継がれる概念や枠組みが盛り込まれていた。しかし一方で、導入されることのなかったものも多く、また、その内容は元来英語母語話者向けの規範文法であったから、言語の形式面のみに重きが置かれがちであった。

　しかもその説明はすべて英語で行われていたほか、折に触れて導入される例文についても、外国人の初学者にとっては難解と思われるものも多数含まれていた（例：Thank Roger Bacon, ye old men, that ye can see, for he invented spectacles.）。

4.6　舶来の英文法を「活用しつづける」

　それでは、このような事態に直面した当時の英学者たちはその後どのような対応を見せていくのであろうか。

　まず彼らは、上記のような規範文法の体系を輸入したのち、それを活用しつづけることになる。

　先述したように、当時の英文法は、基本的に、高尚な原書に書かれた英文を精密に解読していくための手段であった。そして、そのように位置づけられた文法の体系を当時の英学者たちが保持しつづけた（あるいは後述するように、ふんだんに活用した）ということは、それが上述の目的を達成するうえで有効であることを彼らが（おそらく経験的に）認識していたことを意味する。

　これに関連して、当時受容された規範英文法について、その伝統性を重んじた英語学者・渡部昇一の知見を紹介しておくべきであろう。

　すなわち渡部によれば、この体系は、かのディオニュシウス・トラクスがホメーロスによるものをはじめとするギリシア語文献を研究するなかで 8 品詞を分類して以来（第 1 部第 1 章参照）、基本的に、難解な文献を精密に解読する、あるいはその言語を用いて正確に表現しようとする知的実践のな

かで育まれたものであるというのである。

　渡部はそのうえで、'grammar' という言葉から「魔法」を示す言葉が派生したことを紹介しつつ、その普遍的な効力を強調している（渡部昇一『秘術としての文法』、『英文法を撫でる』）。

　かりにこの知見を受け入れるとすれば、すでに紹介した、蘭書購読の際における文法の効力に感動していた馬場佐十郎（第3章参照）、さらにはその学統を継承した後世の英学者たちもまたその「魔力」を味わっていたとしても不思議ではないことになる。

4.7　舶来の英文法を「作り変える」

　しかしこうした一方で、英学者たちが当時における規範文法の体系をそのままのかたちで日本に普及させることはなかったこともまた事実である。すなわち彼らは、この体系を漸次作り変えていく道を選ぶのである。

　文法を「作り変える」際にしばしばとられたのが次の手法であった（以下、本書では、この「作り変える」という言葉をキーワードとして用いる）。すなわち彼らは、かの体系を自らの母語である日本語に「移し替え」、あるいはそれと「すり合わせ」、その空間のなかに「意味づけ」ながら、最終的に国産化するのである。

　先述した渡部の知見とあわせてこの動きを整理すれば次のようになる。すなわち彼らは、知的な英語を正しく読み、かつ表現するために普遍的に有効な外来の術を、その果実は享受しつつ、しかしダイレクトには受容せず、それを日本語空間のなかにとり込んでいったということである。そして、ややもすれば学習の障害とされかねない日本語を逆に介在させながら重視する、いわばインダイレクト・メソッド的ともいえる体系を創造するのである。

　このことに関連して注目されるべきは、明治の「英学」をけん引した福沢諭吉が次のように語っていたことである。「国内一般に文化を及ぼすは、訳書にあらざればかなわぬことなり。〔中略〕方今、我が邦にて人民教育の手引たる原書を翻訳するは洋学家の任なり」と（山住正己編『福沢諭吉教育論集』）。

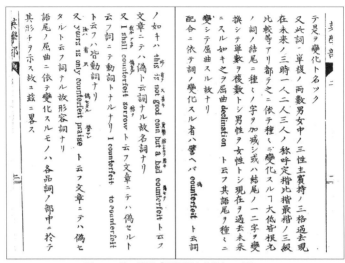

図4-5　柴田清熙『洋学指針 英学部 二編』

　明治以降、従来の読み下し漢文の伝統を継承するかたちで、多くの「原書」が「洋学家」により「翻訳」されたことはよく知られている。これは最終的に、「国内一般」の「文化」力の向上、および日本語の豊饒化を通した国家的自立のためにも役立てられた。

　他の外来知識と同じく「原書」を通じて伝来した英文法についてもこの例外ではなく、上述した一連の「作り変え」の作業とは、広義の「翻訳」に含まれるものであったと考えられる。これを象徴的な言葉を用いていいなおせば、外来の'English grammar'が日本の「英文法」へと「作り変え」られたということである。

　例えば1867年には、柳河春三著『洋学指針 英学部』が出版された。また、1871（明治4）年には、柴田清熙編『洋学指針 英学部 二編』（図4-5参照）や青木輔清編述『英文典便覧』も出版された。

　これらのなかでは、前出の『英吉利文典』やピネオの文法書の内容が平易な日本語でもって解説された。また、同じピネオや、カッケンボスの文法書についても、おびただしい数の直訳本が出版された（図4-6参照）。

　ただし、これらの内容は、舶来の文法体系を単に日本語に「移し替え」たものであったから、文法用語の訳語の成立に貢献したことを除けば、そ

図4-6　G. P. カッケンボス *First Book in English Grammar* とその直訳本

の体系じたいに目立った改変が加えられることはなかった（なお、訳語の
問題は大変興味深いテーマであるが、これについては現時点でさらなる研
究が必要であると考えられるので、本書ではこれ以上立ち入らないことに
する。管見の限り、この分野に関する最も網羅的な研究は、岡田和子『江
戸および明治期の洋語学における文法用語の比較研究――和蘭語・英語・
独逸語をめぐって』である）。

　一方で、文法体系そのものを改変・創造するうえで大きな効力を発揮し
たのが、先述した「作り変え」の工程に含まれる「すり合わせ」と「意味
づけ」の手法であった。

　じつは、これらの手法を最も顕著なかたちで、かつ先駆的に実践した文
法書が早くも1875（明治8）年に現れた。フランシス・ブリンクリー著
『語学独案内』である。

4.8　フランシス・ブリンクリーと『語学独案内』

　ブリンクリー（Francis Brinkley, 1841 ～ 1912）は、1841年にアイルランドは
レンスター県(Leinster Providence)のミーズ郡(Meath County)に生まれた。

　祖父のジョン・ブリンクリーはダブリ
ン大学で教えた、著名な天文学者・数学
者であり、孫のブリンクリーもまたこう
した祖父の影響を受けてか、当初から数
学や古典学において非凡な才能を発揮し
ていた。

　1858年、ブリンクリーはダブリンの
ダンガノンおよびトリニティコレッジを
卒業後、一時ケンブリッジ大学で数学を
学ぶことを志す。しかし彼は、その方針
を変えて陸軍に入隊し、そこで砲術を学
んだ。そして、やがて中尉となった彼は、
1867年、英国公使付武官補ならびに守

図4-7　フランシス・ブリンクリー

備隊長として幕末の日本に派遣されることになる。

　彼の滞在は、当初わずか数か月を予定するほどのものであった。しかし、
彼は日々目に入る日本の文物に次第に魅了されていき、まもなくして日本
語の研究を開始、その熟達ぶりは当時の英国公使館員たちをはるかに凌駕
するほどのものであったとされる。

　ブリンクリーの高度な日本語力はやがて明治政府の目にもとまり、1871
（明治4）年より、彼は海軍省お雇い外国人として海軍砲術学校で教鞭を
執ることになった。この教官時代に著したのが先述した『語学独案内』
（1875）である。

　本書の冒頭には、その著述にいたるまでの動機が次のように記されてい
る。

　　泰西諸国の人他国の語を学ぶや皆自国の文字をもってす故に学び易
　しただ日本国はしからず英語を学ぶには初より英書を用いざるあたわ
　ずただその用いざるあたわざるのみならず実に学び難しすいかんと
　なれば日本語をもって其用法を解明せし良書に乏しければなり予之を
　憂えこの編を述て童蒙学び難きの患をのぞかんと欲するのみ

　ここから、ブリンクリーが当時の「英書」の内容を遺憾とし、これを「日本語」をベースにして作り変えていこうとしていたことがわかる。

　事実、『語学独案内』の解説はすべて日本語で行われたほか、英語の発音についてもカナ表記が施された。さらに、豊富な数の英文の実例がその邦語訳とあわせて紹介された。

　また、英文法については、当時の舶来文法書の枠組みがおおむね踏襲されるかたちとなっていた。しかし同時にこの体系への大幅な「作り変え」の作用も施されており、その際にしばしば用いられたのが、先述した「すり合わせ」と「意味づけ」の手法であった。

4.8.1　『語学独案内』の内容

名詞論、代名詞論

　それでは、ここからは『語学独案内』による「作り変え」の様子を見ていくことにしよう。

　まず名詞論では、従来の「数」や「性」、「格」、「人称」が踏襲されたうえで、日本語との比較を用いた解説が盛んに行われたことが特徴的である。

　例えば「主格」については、日本語の「私が読む」における「私が」に相当すること、さらに「物主格」（＝所有格）についても、日本語の「私の」や「人の」に相当することが指摘された。

　この「物主格」と関連させて、「語尾にsを添るほか名詞の前に前置詞のof〔中略〕を具する」場合もはじめて紹介されており、またこれを用いた 'Man's heart' と 'the heart of man' の意味の違いについても、前者では「（人）の文字重」く、後者では「（心）の文字重き」ことが指摘された。

　代名詞論でも従来の枠組みにもとづき、精密な日英対照論と意味用法論が展開された。

　例えば「指示代名詞」thatについては、「あれ・それ・かれ・その・あの」などの表現に相当することや、「人称代名詞」に関連させて、「英語には日本の（君様）（君）（私）（己）（僕）等のごとく貴賤の差別は無くいずれも上下ともに同様に用る」ことが指摘された。さらに、youやoneが不特定多数の人々を意味する場合についても先駆的に紹介された。

　日本語の慣用がそのまま英語にあてはまるわけではない場合にも注意が

喚起された。例えば「私の友人」については、'my friend' よりも 'a friend of mine' のほうが自然であること、また、「支那では結構な馬ができる」や「御傷めなさいましたか」が、それぞれ 'They breed excellent ponies in China.'、'Did you hurt yourself?'（下線は引用者、以下同）と訳出されることも指摘された。

「関係代名詞」については、「日本語に全くなき詞」とされたうえで、あくまでも日本語をベースにした解説が展開された。

すなわち、「今日参る人」という文章では、「参る」が「人」を修飾しており、「御貸し申した金」では、「貸す」が「金」を修飾しているという。そして、これらを英語に「訳するときは詞の位置を前後にして」、すなわち「人」や「金」を「動詞の前に上げ」、「名詞と動詞の間に relative〔中略〕pronoun すなわち（関係代名詞）を設くる」と説明されたのである。

なお、関係代名詞の省略について先駆的に解説が施されたことも特筆される。

形容詞論、副詞論、冠詞論

形容詞論と副詞論の中心は「比較」についてであった。しかし、従来の枠組みや説明にくわえ、精密な意味用法・語法規則論と日英対照論が行われたことが特徴的である。

例えば 'He is two years older than I.' が 'He is older than I by two years.' と書き換えられることがはじめて紹介されたほか、日本人学習者が混同しやすい farther と further の違い、さらには比較級を強調する much の用法もはじめて解説された。

比較の文章それじたいについても、日英で「語の順序」が「反対」であることが注目されたほか（例：'The moon is smaller than the earth.' =「地球より月の方が小さい」）、日本語の「却て」が英語では訳出されないこと（例：「師匠より弟子の方が却て高手だ」= 'The pupil is more skillful than the teacher.'）、逆に英語の some には「直訳」すべき日本語が存在しないことも指摘された（例：'Some of the merchants in Yedo are very rich.' =「東京の商人には極富貴な者が有る」）。

そのうえで、同時期の舶来文法書にはなかった some や any, (a) few, (a)

little, each other, one another などの用法が詳しく説明されたのである。

　冠詞の用法も詳論されており、そこでは「大凡他国の人の英語を学ぶに本文の冠詞を差障なく用うるほど難はなし」とされたうえで、現代の「総称用法」のほか（例：'(The) spring is a pleasant season.'）、食事や季節の名前、地名や人名にまつわる冠詞の使い方などが解説された（例：breakfast）。

動詞論

　動詞論においては、精密な日英対照論が行われたことが特徴的である。

〈時制〉

　例えば「時制」については、'I <u>forget</u> the road / way quite.' が「私は全で道を忘れました」となるように、日英語の時制形式が必ずしも一致しないことが強調された（例：'He <u>brought</u> it and showed it to me yesterday.' =「彼人は昨日夫<ruby>夫<rt>それ</rt></ruby>を持て来て見て呉ました」、'I <u>shall not see</u> you before next spring.' =「私は来春でなければ御目に掛りませぬ」）。

　同様に、通常「〜ている」などと訳される現在進行形についても、それが「知覚の景況」についていう場合、例えば「知て居る」、「覚て居る」、「惚て居る」、「感じて居る」などについては、英語では動詞の現在形が用いられるべきことが注意された。

〈態〉

　ここではまず、能動態の他動詞が「働き方働詞」、受動態の他動詞が「請方働詞」とされたうえで、英語では後者の運用が日本語に比べて好まれる場合があることが指摘された。

　すなわち、日本語の「到（いたし）てある」や「定（きめ）てある」、「製（こしらえ）てある」、「埋（うづま）る」、「暗殺に遇（あ）う」、「助かる」などの自動詞は、英語ではすべて他動詞の受動態として言語化されるというのである。以下の例文も参照されたい。

> 上野の戦争で打死した兵隊は残らず彼所に葬てある
> The soldiers who fell in the fight at Uyeno are all buried there.
>
> 乗合四十人の内五人しか助りませぬだった
> Out of forty passengers only five were saved.
>
> 川から死骸を揚て見たら切れた跡もございませぬだったから多分溺死したのでございましたろう
> There were no marks of violence on the body when it was taken from the river, so {the death was probably caused by drowning/the man was probably drowned}.

　さらに、動作主の非焦点化に伴う事態の自動詞化についても説明は及び、日本語ではこれが自動詞を用いて言語化されるのに対し、英語では他動詞の受動態が用いられることが指摘された。

　例えば、「漸く望通になった」が 'my wish has been fulfilled.' となるように、「他の働きを請ざれば事業が成るあたわずといえどもその働かしむる根元を現さずして事業の自然然るごとくいう（出板になる）（号令が掛る）（金子が渡る）等の働詞を英語にては通例請方を充つ」というのである。

〈他動詞文の主語〉

　ブリンクリーの観察によれば、「火災で家が焼た」は 'A fire destroyed the house.' となり、「霜で木葉が落るものだ」や「不潔に依て病気が種々起るものだ」も同様に、'The frost strips the leaves from the trees.'、'Dirt produces a variety of diseases.' になるという。

　このことから英語の他動詞文の主語をめぐる日英語の違いが次のように説明された。

　英語には働き方働詞の主格に死物を設くることしばしばあり其用法は日本語に無しといえとも死物に依て事業の起るがごとくいう（火災

で家が焼る）（霜で木葉が落る）等の用法がすなわち英語にて死物を
主格に設くると類似せしにより此のごとき場合に通例（焼る）（落る）
等の自働詞を（焼く）（落す）等の他働詞にかえ死物の（火災）（霜）
等を主格になししかして自働詞にてありしときその主格の（家）（木
葉）等を目的格になすなり

　このうえで、「死物」を主語にとる頻度の高い動詞としてmake, render,
enable, produce, give rise to, prove, cause, show, argueなどが紹介された。

そのほかの日英対照論——時制の一致、前置詞など
　「時制の一致」については、これを必須としない日本語の話者の感覚を
考慮した解説が展開された。すなわち、「昨日往くと云た」や「彼人に逢
うと思た」を英訳するときは、「原文中の（云た）（思た）等は過去なれば
夫に対したる続文中の（往く）並に（逢う）と云う働詞も過去にせざる可
らず」というのである（なお、この時点においてはまだ「時制の一致」と
いう用語は見られない）。
　同様に、英語の前置詞についても、これらが日本語ではしばしば動詞を
用いて言語化されることも指摘された（例：look across ＝見渡す、jump
on ＝飛掛る、walk around ＝歩み廻る）。
　さらに、文章が示す事態全体をめぐる表現上の差異も注目され、例えば
「此は至極結構な御料理でございます」が 'What a capital cook you have!'
となるように、日本語では料理にまつわる事態全体が言語化されるのに対
し、英語ではその事態をもたらす料理人が焦点化されることが指摘された。

『語学独案内』の意味用法論
　これまでに見てきた日英対照論とならび、『語学独案内』の動詞論では
意味用法にまつわる解説が大量に施された。

〈助動詞、使役動詞、知覚動詞、　時制〉
　なかでもこの傾向が顕著であったのが「可能法」（助動詞）の単元であ
り、そこではcanやmay, must, should, ought toなどの基本用法をはじめ、

それらの認識用法（例：「〜のはずだ」、「〜に違いない」）や、完了形と結びついた場合の用法、さらには強制や依頼の表現に伴う細かなニュアンスの違いにいたるまで解説された（例：May / Might I, Could / Would you, need not / don't have to）。

　こうした意味重視の特徴に関連して、従来、助動詞と区別されずに説明されてきた使役動詞や知覚動詞の意味がはじめて注目されたことも重要な変化である。

　例えば、使役動詞の get と have について、後者がどちらかといえば「不敬重なる語にて人にさせる義が重く含みてあれば通例家僕或は職人等に付て用る」ことが指摘されたほか、使役動詞の make と let の違いについても、後者は「許す義を含」むため、「力をもって人に物をさせる義にあらず他の意に任てさせる義に用いる」ものとされた。

　同時に、see をはじめとする動詞が「知覚の景況」を表すことも注目され、これを用いた S saw + O + Ving が「事業の連続して居る」ことを意味するのに対し、S saw + O + V が「一挙の事業」を意味することも指摘された（ただし、この時点においてはまだ「知覚動詞」や「使役動詞」という用語は見られない）。

　時制についても、従来の形式変化のみならず、その意味用法が解説の中心となった。なかでも現在完了形については、それが表し得る完了や継続、経験の意味がすべて例文を通して紹介されたのである（例：Have you (ever) seen the clay figures at Asakusa? =「君は浅草にある土人形を御覧なすったことがございますか」）。

〈意味上の主語、分詞構文、強調構文、前置詞、接続詞など〉
　ブリンクリーが見せた意味重視の姿勢は、現代の「意味上の主語」に相当する分析をも生んでいた。そこでは、動名詞句内に成立する主述関係や、前置詞 for や of に後続する名詞と不定詞句とのあいだにおける主述関係がはじめて指摘されたのである（例：'The Kobo's restoring the government to the Emperor was the proper thing.'）。

　同じ傾向は、現代の「分詞構文」に相当する英文にもあてはまる。そこでは「現在分詞」が持つ特殊な用法が、「（石を取て投る）等のごとく事業

の順序に付て云う」場合と、「（疲れて歩けない）等のごとく事業の所以を述る」場合に大別されたうえで、以下のような書き換えが可能であることがはじめて紹介された。

Taking a stone, he threw it at the other's head.
 →　He took a stone, and threw it at the other's head.

Having learned English thoroughly, I began French.
 →　After I had learned English thoroughly, I began French.

The country being now quite settled, the standing army might be reduced, I think.
 →　As the country is now quite settled, the standing army might be reduced, I think.

このほか、同じ形式が条件（if）の意味を持つ場合についても紹介されたほか、これが日本語の「〜ながら」に相当する場合についても解説は及び、例えば 'He crossed the bridge, leading the horse.' が「馬を引ながら橋を渡った」、'Having experienced the annoyance every day for two months without saying anything, his complaining suddenly now is strange.' が、「最早二箇月の間も日々迷惑をして居ながら申し出せずに居て今更俄に訴るのは妙な訳だ」となることが紹介された。

　なお、この種の英文は「辞が少く改る故書中にはあれど平常の説話には余り用い」ないことが指摘されたように、ブリンクリーの解説は表現の談話機能にまで及ぶものであった。

　これを示すように、例えば現代のいわゆる「強調構文」（It is 〜 that 〜）については、that 以下の内容を「兼て知りし人に向て云うごとき場合」に用いられることが注意されたのである（ただし、この時点においてはまだ「強調構文」という用語は見られない。管見の限り、これを 'Emphatic Construction' として先駆的に表現したのは、明治30年代に刊行された、神田乃武著 *Higher English Grammar* という教科書である）。

　このほか、so ～ that 構文と too ～ to 構文間の書き換えもはじめて紹介されたほか、疑問文や否定文の作り方も重視された。さらには、前置詞や接続詞の意味用法についても、多数の頁数が割かれるかたちで詳述されたのである。

4.8.2　『語学独案内』の歴史的位置づけ

　以上見てきた内容から、1875（明治8）年の『語学独案内』の出現により、日本の英文法体系には劇的な変化がもたらされたことがわかる。この「劇的」さこそ、外来の文法体系を日本人向けに「作り変え」ようとする力の強さを物語るものであった。

　広義の「翻訳」に含まれるこの種の同化力があったからこそ、新たに注目された文法事象がかなりの数に上ったこともわかる。このなかには、後に正式な文法用語を伴い体系化される「使役動詞」や「知覚動詞」をはじめ、「時制の一致」、「意味上の主語」、「分詞構文」、「無生物主語」などが含まれる。

　『語学独案内』はその内容の豊富さもあり、刊行当初から好評を博し、一般の英語学習者はもちろんのこと、英文学者・坪内逍遥や初代内閣総理大臣・伊藤博文によっても愛用された。

　明治の末年期になっても、「語学独案内は我国の英学界に貢献したること非常なる名著」であり（「新刊案内 新語学独案内」『英語青年』1909年）、「方今雨後の筍の如く出版せらるる英語に関する編著書の中でも此名著程有益な書はなかろう」（「片々録」『英語青年』1907年）との評価を得ている。

4.9　ブリンクリーの多方面にわたる活動

　興味深いことに、ブリンクリーの日本での活動は、単なる文法家としてのそれにとどまることはなかった。

　『語学独案内』上梓後の 1878（明治11）年、ブリンクリーは工部省・工部大学校（東京大学工学部の前身）の数学教師に就任したほか、同校退職後の 1881（明治14）年には、横浜で発行された英字新聞『ジャパン・メール』紙を譲り受け、その経営者兼主筆に就任した。爾来、1912（大正元）

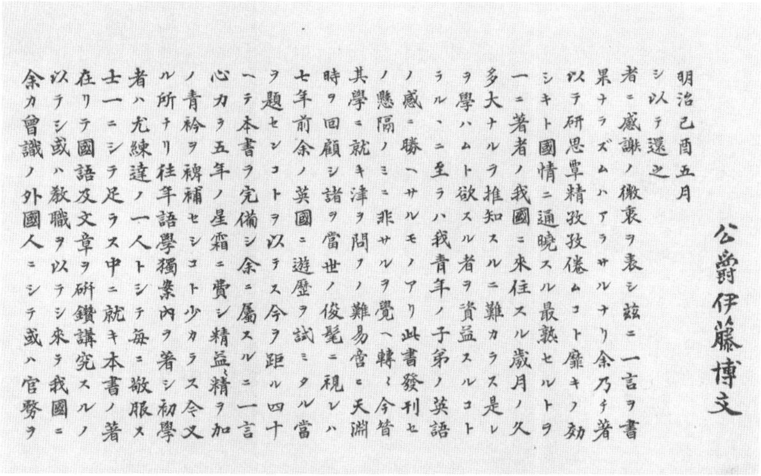

図4-8　F. ブリンクリー『新語学独案内』内の伊藤博文による推薦文

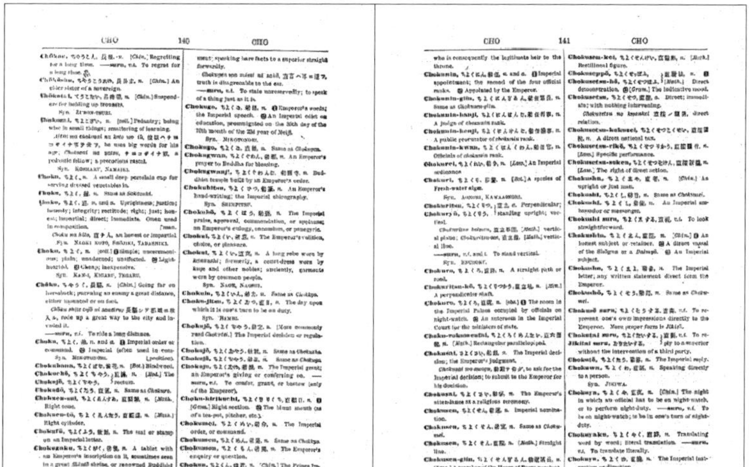

図4-9　F. ブリンクリー等編『和英大辞典』

年にこの世を去るまで、彼はジャーナリストとして健筆をふるうことになるのである。

その際にブリンクリーは、しばしば親日的な論調を見せていたことが注目される。彼は、日本政府の悲願であった不平等条約の改正の実現をはじめ、日清・日露戦争に伴う国際的世論の形成、ひいては日英同盟の実現に向けて積極的な日本擁護の論陣を張ったのである。

しかも、彼の日本への愛着と興味はこれのみにとどまることなく、伝統工芸や美術の分野にまで及んでいた。なかでも陶磁器の蒐集と鑑定については、当代随一の権威者とされるほどになった。

また、彼は随筆家の小泉八雲（ラフカディオ・ハーン）とならぶほどの名文家としても知られ、その日本語力について友人の伊藤博文も、「尤も練達の一人として毎に敬服する所なり」と舌を巻いている（図4-8参照、ブリンクリー『新語学独案内』）。

ブリンクリーは1878（明治11）年に水戸藩士の娘である田中安子を妻に迎え、また英語関係に限っても、後述する『新語学独案内』をはじめ、『和英大辞典』（南條文雄、岩崎行親との共著、1896）などの業績を残した。

ブリンクリーは平素より、「自分は日本で読書と著述に斃れる決心である」と周囲に語っていたという。現在、彼の墓は、東京は港区の青山霊園にある（五十嵐睦子・山本美保子「F.ブリンクリ」）。

4.10　ブリンクリーの英文法教育への思い

1909（明治42）年、ブリンクリーは『語学独案内』の改訂版である『新語学独案内』を刊行した。このことから、彼の英文法への関心がその晩年にいたるまでつづいていたことがわかる。

それでは、彼はそもそも英文法の教育や学習についていかなる思いを抱いていたのであろうか。

これを知るために有用な資料となるのが、1903（明治36）年の「英学者苦心談」である。これは雑誌『中学世界』に連載された記事であり、当時すでに社会問題と化していた学生の英語力低下問題に対応すべく（第3部参照）、過去の「先輩」たちの英語苦闘談や、有識者たちの英語教育論を特

図4-10　F. ブリンクリー『新語学独案内』

集したものであった。

　彼はそのなかで、高度に文化的な内容に対応し得るほどの外国語能力を身につける者たちについて、そこにいたるまでの困難を強調しつつ、次のように語っていたとされる。

　　凡そ自国の言葉は幼少の時から自然に耳に慣れ、口に熟して、自分には豪も困難なるを覚えぬ中に老練になるのが常であるが外国語を学ぶにはちっとも此便利がない、欧米人に在っては自他交通も繁く、言葉も余程類似して居るのに尚お且つ容易でない、日本人の欧米の語学研究の困難さ加減は又一層の事でありましょう。［中略］支那文なれば動詞名詞其他の位置が大抵英文と同じようであるから、文法句法を研究する上に於ても幾分か了解し易いのであるが、日本文に至ては全く其組織が違っている　　　　　（「英学者苦心談（一）」『中学世界』1903年）

　ブリンクリーはそのうえで、自身の『語学独案内』について次のように語っていたという。

　　一文明国民にして二国語を併用する事、日本に於ける日本語及び英語の如き場合は多く他にありますまい、今此二国語を比較しまするに、日本語は英語に特有せる言語を欠いで［ママ］居ります、例えば無人性名詞の如き、関係代名詞の如き冠詞の如き日本語には総べて之れなく、名詞の単複数を言顕わす事なども甚だ不備ではありますまいか、且つや英語に変化無限の妙趣を添うる have と比すべき語は日本語中に見当たりませぬ。

　　重ねて言うようなれど文章を綴るにも全く語の排置順序を異にして居ります、日本人が英語を学ぶ上に非常な困難を感ずるはそれ故で、欧州中の他国人が英語を学ぶの面倒とは格段の違いです、欧州中の他国人に英語を教える場合には自他其語法句法似かよえる点甚だ多く、思想の言い顕わし方も大差なきより彼我相待て修得せしむるに便なるも、日本人の英語を学ぶには毫も此因縁が無い、今茲に一人の英国人があって日本人に英語を教うとせんに、若し初めより英国乃至は他の

　欧州人に対する教授法を踏襲すれば其人は必ず失敗です、既に英人又
は他の欧州人に適用して成功せる教授法故、教授法としては申分なき
にしても、独り日本の学生は欧州人と其事情を異にするが為に右の英
人は失敗を招くのです、日本の学生が他国語を学ぶに其進歩遅緩なり
との評あるは此辺の意味を言うのでしょう。
　去れば外国人たる英語教師は、日本語に通ぜざれば日本の英語研究
者が如何様の困難を感ずるかを了知する事が出来ぬ故、到底日本人を
満足させる事は出来ませぬ、当事者此一点に於て眼を具せざる限りは
其成績の労力に酬いざるは当然の事です、日本人の英語を学ぶには欧
州人の至て単純平易とする点より心を込めて研究をせぬとなりけ［マ
マ］せぬ、私は此点に深く思を致し、去る千八百七十三年（即明治六
年）［ママ］日本学生の英語研究に便ならしむる目的を以て『英語独案
内』［ママ］を［ママ］いう一冊子を編纂したのでありました。　　（同上）

　文中に誤記が散見することからもうかがえるように、この資料は『中学
世界』の記者が書いた談話筆記録である。よってこの内容がブリンクリー
の発言をそのまま反映していない可能性には十分な注意が払われなければ
ならない。
　しかし、ここで披歴された内容じたいに話を限れば、これはブリンク
リーの本意を伝えているものと考えて間違いないものと思われる。なぜな
ら同様の方針は、先述した『新語学独案内』のなかで明記されているほか、
すでに見た『語学独案内』の特徴とも符合するからである。
　このような前提のもとで推論するに、ブリンクリーが『語学独案内』を
通して目指したものとは、英語圏の住民として生活しているわけではない、
したがって不自然なかたちで英語を学ばざるを得ない日本人のための英文
法を作り上げること、いいかえれば、日本語話者ならではの感覚やつまずき
を反映させた、独自の英文法体系を作り上げることであったといえる。
　これを当時の時代状況、なかでもその学問と教育における圧倒的な英語
進出状況と照らし合わせて考えれば次のようなことがいえるであろう。
　すなわち、再び象徴的な表現を使えば、ブリンクリーは外来の'English
grammar'にあえて日本語を対置させてそれを「作り変え」、インダイレク

トな「英文法」の体系を創造することで、結果的に日本語空間の自立と強化を後押しする動きを見せていたと。そして、これを行った同じ人物が、やがて知日派のジャーナリストとして活動を開始し、日本の対外的自立の象徴たる条約改正の実現に向けて尽力したことはまことに興味深い。

　彼が望んだように、日本はその後自立に向けて歩みを進めていくが、英文法もまたその例外ではなかった。これはブリンクリーが実践した手法がその後も受け継がれていくことを意味する。

第5章 | 英文法体系の進展——明治10 〜 20年代

5.1 つづけられた独立までの努力

　1880年代以降の世界は帝国主義の時代を迎えた。列強国であるイギリスやフランスはアフリカの分割を本格化させた。

　これに刺激を受けながら、同時期の日本では、一種の国民主義運動である自由民権運動が高揚した。このなかからは、近代右翼の源流ともいえる玄洋社が誕生している。

　1882（明治15）年には、前章で紹介した伊藤博文が、明治憲法の草案作りの準備のためヨーロッパに向けて出発した。翌年には鹿鳴館が完成し、不平等条約の改正をも目論んだ欧化政策が推進されている。

　そして、ついに1889（明治22）年には大日本帝国憲法が発布され、その翌年には教育勅語も渙発された。1894（明治27）年には日英通商航海条約も締結され、日本は積年の悲願であった治外法権の撤廃に成功することになる。

　日本がこのように近代国家としての体裁を整え、国際社会への仲間入りを果たすためには、維新以来20年以上の歳月を要した。ここにいたるまでの期間、日本は西欧の従属国同然であり、その学問や（比較的高等の）教育についても圧倒的な英語進出の圧力のもとに置かれていたのである。

　例えば1877（明治10）年に設立された「東京大学」の初代綜理・加藤弘之は、次のように述べている。「東京大学に於ては方今専ら英語を以て教授をなすと雖も此事決して本意とする所にあらす全く今日教師と書籍とに乏しきか為めに姑く已むを得さ

図5-1　伊藤博文

るに出るもの」と（川澄哲夫編『資料日本英学史2 英語教育論争史』）。

　注目されるべきは、加藤が英語（原書、外国人）に依存する「大学」教育を憂慮していたことである。彼が示唆した「本意」とは、日本人が自らの言語で欧米に匹敵するほどの学問と教育が行える環境を整備することであった。

　これを反映するように、その後の明治10年代から20年代にかけても、これらの邦語主義化が促進されることになる。

　例えば1888（明治21）年には、「近代化」を象徴する学問である物理学において、『物理学術語和英仏独対訳字書』（物理学訳語会）が編纂された。これは約1700におよぶ専門用語の統一的な訳語を集成したものであった。

　むろん本書が関心を寄せる英文法についてもこうした時代趨勢の例外ではなく、次々と輸入されてくる原書の内容を国産化する作業が加速していく。本章は前章にひきつづき、その第2段階ともいえる過程を追っていく。

5.2　輸入されたブラウン、スウィントン、ベインの文法書

　ブリンクリーの『語学独案内』が1875（明治8）年に出版されたとはいえ、その後においてもしばらくは英米由来の英文法書が用いられる状態がつづいていた。

　そのなかには前出のピネオやカッケンボスの文法書が含まれるが、やがて時代が下るにつれ、これらにかわる新しい文法書が輸入された。

　その1つが、ブラウン（Goold Brown）の *The First Lines of English Grammar* であった。これはアメリカからもたらされた、比較的初学者向けの文法書であり、主に明治10年代から20年代にかけて広く普及した。

　また同時期には、スウィントン（William Swinton）の文法書も盛んに用いられた。彼の著作は2種類あり、1つは *New Language Lessons: An Elementary Grammar and Composition*、もう1つは *A Grammar containing the Etymology and Syntax of the English Language* であった。いずれもアメリカで1877年に初版が出されており、前者は比較的初学者向け、後者は上級者向けの文法教科書であった（両者はそれぞれ、「スウィントン小文典」、「スウィントン大文典」と呼ばれた）。

図 5-2　G. ブラウン *The First Lines of English Grammar*

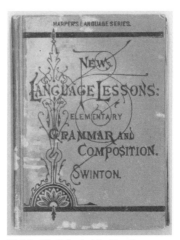

図 5-3　W. スウィントン *New Language Lessons: An Elementary Grammar and Composition*

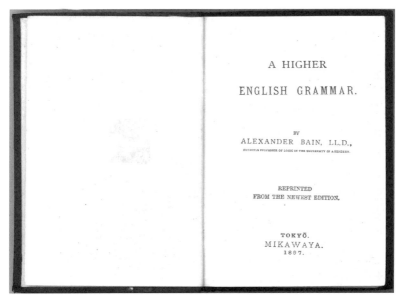

図 5-4　A. ベイン *A Higher English Grammar*

さらに、ただいま紹介したブラウンやスウィントンの教科書よりもはるかに高度な内容を盛り込んだ文法書もイギリスからもたらされた。ベイン（Alexander Bain）の*A Higher English Grammar*がそれであり、著者はスコットランド出身で、アバーディーン大学で論理学を教えていたことが知られている。彼の文法書は全部で300頁を越える大著であった。

5.2.1 引き継がれた規範英文法の枠組み

それでは、これらの文法書の内容は具体的にどのような特徴を備えていたのであろうか。

まずいえることは、これらは前章で見た『英吉利文典』やピネオ、カッケンボスの文法体系同様、基本的に従来の伝統的な枠組みを継承した規範英文法であったということである。よってその全体的な特徴じたいにさほどの変化はなく、依然として言語の形式面を重視する傾向が顕著であった。

ただし従来に比べて大幅な体系上の進展がもたらされたことが特徴的であり、また、例外的にベインの文法書において若干の意味用法にまつわる解説が施されたことも注目される。

前章において、幕末の『英吉利文典』をはじめ、ピネオやカッケンボスの文法書の内容についてはくわしく紹介しておいた。ここでの内容は、多少の変動はあるものの、ほぼそのままブラウン以降の文法書にも引き継がれている。

よって本章はこの内容を繰り返すことはせず、上記の新しい文法書により具体的にどのような体系内容上の進展がもたらされたのかという点に的を絞り叙述を進めていく。

5.2.2 もたらされた体系上の進展

名詞論、代名詞論

名詞の種類については、すでに明治初期の時点で「普通名詞」や「固有名詞」、「集合名詞」、「抽象名詞」が導入されていたことはすでに見た通りである。

これらにくわえ新たに「物質名詞」（'Material Nouns'）を明示し、現代と同じ5種類を成立させたのはベインの文法書であった。

　また、同じベインやスウィントンの文法書では、名詞の種類と数との関係が注目されるようになったことも注目される。すなわち、「固有名詞」や「物質名詞」の不可算性、ならびにその例外における「普通名詞」化である。

　残る「抽象名詞」についても、ベインにより 'Abstract Nouns are by nature Singular. When they are used in the Plural, they are converted into common or general nouns. They then mean particular examples, acts, or exercises.' と説明された。

　代名詞論においても同様に、大幅な進展がもたらされた。なかでも関係代名詞の「制限用法」と「説明用法」が導入されたことが特筆される。

　例えば前者について、スウィントンの文法書では 'A relative pronoun is *restrictive* when, like an adjective, it limits the idea denoted dy［ママ］the antecedent' と説明されたほか、後者についても 'A relative is *explanatory* when it continues the idea expressed by the antecedent, adding another thought, or when it is parenthetical' と説明された。

　関係節に含まれる前置詞の位置についても解説は及ぶようになり、これを節の前に置く方が一般に好まれ、'more elegant' であることがスウィントンにより指摘された。また、関係代名詞の省略についても、例えばブラウンにより、'In the familiar language, the relative in the objective case is frequently *understood*' と説明された。

　このことから、関係代名詞の主要な学習事項が、明治中期の時点でほぼ出そろっていたことがわかる。

　しかしこうした一方で、その他の代名詞の意味や語法規則が論じられることはほとんどなかった。例えばブラウンやスウィントンの文法書では、個々の具体例が列挙されるのみであったのである。

　例外的にベインの文法書では、若干の意味に関する解説が施され、例えば人称代名詞 we や you の用法をはじめ、疑問代名詞 which や what の用法、さらには現代の「形式主語」に相当する it の虚辞性などが注目された（例：*It* is healthy *to walk.*）。

　ちなみに、ベインはこの種の it を 'anticipative pronoun' と呼んでいたのに対し、スウィントンは 'anticipative subject' と呼ぶことを提案していた。

管見の限り、これを現代のように 'Formal subject' と呼んでいた文法書は
当時においては存在しない。

形容詞論、副詞論

　形容詞論、副詞論の解説の中心は「比較」であった。しかし従来の枠組
みにくわえ、形容詞の「限定用法」と「叙述用法」に相当する区別が導入
されたことが特筆される。

　例えばスウィントンの文法書では、前者について 'attributive', 後者につ
いては 'predicative' と表現された。また、ベインの文法書でも、後者につ
いて 'not restrictive, but co-ordinating' とされたうえで、'They do not
narrow the class mentioned, but express some new meaning that adds to
what we know of it.' と説明された。

　さらに、現代の「関係副詞」という用語が成立したことも重要な進展で
あった。これは従来、'Conjunctive Adverb'（カッケンボス）と表現されてい
たが、スウィントンやベインにより 'relative adverb' という用語が使われ
るようになった。

　しかし一方で、個別の形容詞や副詞が持つ意味や語法規則が注目される
ことはほとんどなかった。また、「比較」にまつわるイディオムや構文が
紹介されることもなかった。

　同じ特徴は、形容詞の一部として論じられることがあった冠詞について
もあてはまり、その原義の確認にとどまる場合がほとんどであった。

動詞論

　動詞論では、新たに「補語」（'Complement'）と「準動詞」（'Verbals'）
という概念が導入されたことが注目される。これらをともに体系化してい
たのがスウィントンの文法書であった。

　前者については、'Most intransitive verbs require no words to complete
their sense; but a few intransitive verbs take a complement, or completing
part' とされながら、be や become, feel, look, smell, taste などの不完全自動
詞（'intransitive verbs of incomplete predication'）が紹介された。

　一方で、能動態の他動詞文については、現代と異なる「補語」の分析が

見られる。これを象徴するのがスウィントンによる次の言及、すなわち 'The complement of a transitive verb is called its *object*' であろう。つまりここでは「補語」と「目的語」が峻別されておらず、したがってすべての他動詞は不完全動詞と見なされていたのである。

　しかしベインはこれとは異なり、「補語」をとる不完全他動詞（'transitive verbs of incomplete predication'）として、make, elect, choose, call などをあげている。さらに 'they elected him *captain*.' という例文における 'captain' を、'an attribute of the *object* of the verb' と分析している。少なくともここでは「補語」と「目的語」の混同は見られないようである。

　ここに見られるような「補語」の定義をめぐる揺れの背後にいったいどのような事情があったのかについて、本書は明らかにすることはできない。しかし、少なくとも歴史的な観点からいえば、「補語」が明治中期の日本にもたらされたことじたい画期的であったといえる。

　さらに、これまでに見てきた「補語」にくわえ、スウィントンによりもたらされたもう 1 つの進展が「準動詞」の導入であった。

　従来、to ＋動詞については、「法」の一部とされていたことはすでに紹介した通りである。これはもともとラウスやマレーによっても採用された分類法であり、本章で扱っているブラウンやベインの文法書でも「不定法」が体系化されていた。

　しかしこれに異議を唱えたのがスウィントンである。彼はこの種の表現が名詞としての機能を持つことを強調することで、これを動詞の変化をもたらす「法」のなかに含めることに反対するのである。

　彼はこのうえで 'Verbals'（「準動詞」）という概念を新たに登場させて次のように定義した。'The verbals are verb-forms, partaking of the nature of the verb, and having in addition the use of some other part of speech.' と。

　スウィントンによれば、'Verbals' のなかには、不定詞（'Infinitive'）、分詞（'Participle'）、動名詞（'Gerund'）が含まれるという。このうち不定詞については、現代と同じ 3 用法（名詞的、形容詞的、副詞的）が紹介された。

時制の一致、可能法の排除、独立分詞構文

　「時制の一致」については、ピネオがその存在を示唆するにとどまって

いたことはすでに見たが、つづくブラウンやスウィントンによってもこの
原則が論及されることはなかった。

　しかし例外的にベインの文法書では、統語論の 'Concord of Tenses' と
いう単元のなかで、はじめて主節と従属節の時制を一致させる原則が明示
された。さらに、後者がいわゆる「不変の真理」に該当する場合について
も注意が喚起された（例：'Galileo maintained that the earth moves (not
"moved")'）。

　ベインによる貢献としてもう1つ注目されるのが、従来、「法」の一部
をなしていた「可能法」（'Potential Mood'）が排除されたことである。こ
れにより彼の体系においては、'The Moods are the *Indicative, Subjunctive,*
Imperative, and Infinitive.' とされた。

　くわえて、同じベインやスウィントンにより、'Absolute Construction'
なる「構文」が体系化されたことも注目される。これは現代の「独立分詞
構文」に相当するものであり、後述するように、これに遅れるかたちで
「分詞構文」が日本で創出されることになる。

　以上、明治中期にもたらされた、動詞論における主な進展を見てきたが、
最後に、この時期においてもまだ成立していない文法概念が存在したこと
を指摘しておきたい。それをまとめておくと、「使役動詞」、「知覚動詞」、
「意味上の主語」、「基本5文型」、「全否定・部分否定」、「形式目的語」
（「形式主語」については 'anticipative pronoun / subject' との語が見られる
のみ）、「分詞構文」、「直接話法・間接話法」、「無生物主語」となる（「時
制の一致」については、後述する通り、先ほどのベインによる 'Concord
of Tenses' にくわえ、'Sequence of Tenses' という用語が明治10年代前半か
ら使われるようになる）。

前置詞論、接続詞論、間投詞論

　接続詞論では新たに「等位接続詞」（'Co-ordinating Conjunctions'）と
「従位接続詞」（'Subordinate Conjunctions'）という概念が導入されたこと
が注目される。これらを体系化したのがスウィントンとベインの文法書で
あった。

　例えばベインの文法書では、前者の機能が 'join co-ordinate clauses; that

is, independent affirmations.' とされたほか、後者の機能についても、'unite subordinate or dependent clauses to the principal clause of a sentence' と説明された。

　ただし、これらに包摂される個々の接続詞の意味が注目されることはほとんどなく、また、同じことは他の品詞についてもあてはまる。例外的に若干の解説を加えていたベインの文法書を除き、ブラウンやスウィントンの文法書ではこれらの具体例が列挙されるのみであった。

統語論

　従来、品詞論（'Etymology'）の枠組みを超えた「文」の分析は、統語論（'Syntax'）の枠組みのなかで論じられることが通例であった。

　例えば明治初期のピネオやカッケンボスの統語論では、文中の格や人称等の一致原則が論じられたほか、「主語」（'Subject'）や「述語」（'Predicate'）といった概念も導入されていた。

　また、カッケンボスの文法書では、意味にもとづく文の分類として、「平叙文」（'Declarative Sentence'）、「疑問文」（'Interrogative Sentence'）、「命令文」（'Imperative Sentence'）、「感嘆文」（'Exclamatory Sentence'）の4種類が体系化されていた。

　一方、構造にもとづく文の分類については、マレー以来の「単文」（'Simple Sentence'）と「重文」（'Compound Sentence'）がピネオとカッケンボスによって継承されていた。しかしブラウン以降になると、新たに「複文」（'Complex Sentence'）がこれに加わり、現代と同じ3種類が成立している。

　さらに、これらのあいだにおける書き換えも頻繁に行われるようになり、例えばスウィントンはこれを以下のようなかたちで重点的に説明していた。

【単文→複文】

Honest boys will be trusted.

　→　Boys who are honest will be trusted.

【複文→重文】

When he had become exhausted, the swimmer was drowned.

　→　The swimmer became exhausted, and he was drowned.

【重文→複文】

The earth is round, and no one doubts it.

　→　No one doubts that the earth is round.

【複文→単文】

I expect that he will go.

　→　I expect him to go.

5.3　継承される「作り変え」の動き

　これまでの記述より、明治中期における日本の英語関係者たちは、一部不安定、不十分な箇所があったものの、おおむね現代のそれに匹敵する高度な文法体系を手にしていたといえる。

　もちろんこれじたい重要な史実であるが、それにも増して注目されるべきは、当時の彼らがこうした事態に対してどのような対応を見せたのかということである。

　じつは、彼らは折に触れて当時の文法に不満感を表明していた。ただしこの不満は、決して当時もたらされた文法体系や規則それじたいへと向けられたものではなかった。事実、それらはそのまま受容されており、今日にいたるまで継承されている。

　むしろ彼らの不満の矛先は、助動詞や冠詞、時制、前置詞などを典型として、一般に、表現の意味用法や語法規則にまつわる解説が施されていないこと、および日本語話者ならではの言語感覚を反映させた知見がいっさい見られないことに向けられていたのである。

　例えばスウィントンは、一部の助動詞の用法について、これを英語母語

話者の「直観」（'instinct'）で対応せざるを得ないことを説いていた。文法の理論的側面において著しい貢献を見せていた彼であったが、それでもこれらの 'niceties of usage' を客体化することを断念していたのである。

　この背景には、彼がもともと形式面を重視する規範文法を論じていたことがあるが、このほかにも彼の主体形成が英語で行われていたという事実も見逃せない。つまり彼が英語を生活言語として駆使し、それを深く内面化していたがゆえに、かえって比較的客体化しにくい意味の知識を客体化することに困難を感じていたわけである。

　明治中期を代表する英語雑誌である『日本英学新誌』や『中外英字新聞研究録』では、この点がしばしば話題になっていた。彼らの言葉を借りれば、「生まれながらにして知らず識らず」のうちに英語を身につけた者たちによる（に向けた）文法は、「日本の学生が容易に之れを瞭解せざるは亦た無理ならず」、その内容も「不充分」で「不完全」であるとされていたのである（「英学時評」『中外英字新聞研究録』1897年、F. W. イーストレキ「高等英文典講義」『日本英学新誌』1892年）。

　彼らの認識は前章で見たブリンクリーの思想と通底するが、この種の言説を通して、当時の関係者たちは、英語が自らの感覚の次元に含まれるほどの生活言語ではないこと、さらにはそもそも英語で自らが自然に主体形成を行う環境で生きることを望まないことをも確認していた。これは当時の「英学者」たちによる翻訳事業に象徴される言語戦略、あるいは高等教育のリーダーであった前出の加藤の言説に徴しても明らかであろう。

　彼らはここから、輸入された体系を漸次自らの基盤となる日本語を介して「作り変える」道を選択・継続することになる。つまり、個々の文法家や時期により多少の力点や程度の差こそあれ、明治10年代以降もひきつづき、輸入された文法書は盛んに直訳され、また、原著者が客体化できなかった知識が客体化され、さらには日英語の対照などを通じて日本語の感覚を反映させた知見が盛り込まれたのである。

　つまり、この動きを再び象徴的な言葉でいいなおせば、外来の 'English grammar' を日本の「英文法」へと「作り変える」動きが継承されたということである。そして、このような創造的過程を経ることで、'English grammar' は著しく精密化・豊饒化されるとともに、その結果作られた

「英文法」の存在じたい、自然で感覚的な英語習得とは異なる、意識的で抽象的な思考と解析、しかもそれをどちらかといえば高尚な英文について日本語を介して行う英語学習をもたらすメタ言語（説明と思考の言語）となっていくのである。

5.4　明治中期における文法書の著作家たち

　本章で見てきた舶来英文法書のうち、その内容からして「浩瀚に過ぐ」（「英学時評」『中外英字新聞研究録』1897 年）とされたベインの文法書を除き、ブラウンやスウィントンの著作についてはおびただしい数の直訳本（虎の巻）が出版された。

　その著者のなかには、後に「学習英文法」を一応の確立へと導く若き斎藤秀三郎（1866 ~ 1929）も含まれており、彼は 1884（明治 17）年に『スウイントン氏英語学新式直訳』を公刊している。

　一方、これらとは異なり、文法の体系内容そのものに大幅な改変を施す著作も相次いで出版されるようになった。そのうち、本書の筆者による調査の対象となったものを年代順に列挙すると次のようになる（それぞれの著者名の横には、判明する限りにおいてその出身地と当時の勤務先を記しておいた）。

1879（明治 12）年：チェンバレン（B. H. Chamberlain, 英国、海軍兵学校）『英語変格一覧』上下

1880（明治 13）~ 1881（明治 14）年：コックス（W. D. Cox, 英国、東京大学予備門）*A Grammar of the English Language for Japanese Students*（全 2 巻）

1881（明治 14）年（?、第 3 版は 1886 年）：ディクソン（J. M. Dixon, 英国・スコットランド、工部大学校）*A Handbook of English for the use of the students in the Imperial College of Engineering, Tokyo*

1886（明治 19）年：ディクソン（同上）*English Lessons for Japanese Students*

1889（明治 22）年：シーモア（J. N. Seymour, 不明、高等師範学校）*Easy Grammar Lessons for Japanese Students*

1890（明治 23）年：シーモア（同上）*More Grammar Lessons for Japanese Students*

> **1891（明治24）年**：斎藤平治『英文法講義』
> **1893（明治26）年～1894（明治27）年**：崎山元吉（「和歌山県士族、陸軍教授」）
> 　『英語教授書』（全2巻）
> **1894（明治27）年**：菅沼岩蔵（静岡県尋常中学校）*Primary English Grammar
> 　for Japanese Students*（『初等英文典』）
> **1896（明治29）年**：松島剛・長谷川哲治『新式英文典教科書』
> **1896（明治29）年**：冨山房編輯所編『英文典問答』

　一瞥してわかるように、明治10年代において 'Japanese Students' を明確に意識した英文法書を著していたのは、当時のエリート教育機関で教鞭を執る「お雇い外国人」教師たちであった。

　しかし明治20年代に入ると、その担い手が徐々に日本の英語関係者たちへと移っていくことがわかる。また、文法じたいも日本語で記述されるようになり、このうち崎山元吉や菅沼岩蔵による中等教育向けの著作のように、文部省の検定済教科書となるものも出てきた。

　こうした一連の動きは、同時期における日本の国家的自立に伴う学問と教育の邦語主義化、およびこれと連動した教育機関の整備と拡大により、

図 5-5　菅沼岩蔵『初等英文典』

図 5-6　松島剛・長谷川哲治
　　　『新式英文典教科書』

従来の外国人や原書、英語を媒介とした学問・教育体制が大きく変容していたことを物語っている。いいかえれば、もともと幕末の敵国研究として開始された「英学」が、ひとまずその役割を終えようとしていたということである。

5.5 輸入されたインド人向けの英文法書

上掲の年表には反映されていないが、おそらく明治20年代、それまでとは若干性格が異なる英文法書が日本に輸入されてきた。

イギリス人・ネスフィールド（J. C. Nesfield）による一連の英文法書がそれであり、なかでも「学習英文法」の成立に多大な影響を及ぼしたのが、同シリーズ（English Grammar Series）の第4冊目である*Idiom, Grammar, and Synthesis*であった。

本書は、当時イギリスの統治下にあったインドの学習者たちに向けて著

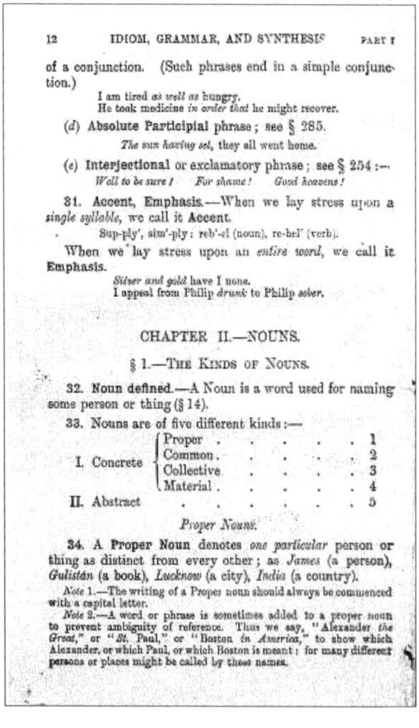

12 IDIOM, GRAMMAR, AND SYNTHESIS PART I

of a conjunction. (Such phrases end in a simple conjunction.)

I am tired *as well as* hungry.
He took medicine *in order that* he might recover.

(*d*) **Absolute Participial** phrase; see § 285.

The sun having set, they all went home.

(*e*) **Interjectional** or exclamatory phrase; see § 254:—

Well to be sure! *For shame!* *Good heavens!*

31. **Accent, Emphasis.**—When we lay stress upon a *single syllable*, we call it **Accent**.

Sup-ply′, sim′-ply; reb′-el (noun), re-bel′ (verb).

When we lay stress upon an *entire word*, we call it **Emphasis**.

Silver and gold have I none.
I appeal from Philip *drunk* to Philip *sober*.

CHAPTER II.—NOUNS.

§ 1.—The Kinds of Nouns.

32. **Noun defined.**—A Noun is a word used for naming some person or thing (§ 14).

33. Nouns are of five different kinds:—

I. Concrete	Proper	1
	Common	2
	Collective	3
	Material	4
II. Abstract		5

Proper Nouns.

34. A **Proper Noun** denotes *one particular* person or thing as distinct from every other; as *James* (a person), *Gulistán* (a book), *Lucknow* (a city), *India* (a country).

Note 1.—The writing of a Proper noun should always be commenced with a capital letter.

Note 2.—A word or phrase is sometimes added to a proper noun to prevent ambiguity of reference. Thus we say, "Alexander *the Great*," or "*St.* Paul," or "Boston *in America*," to show which Alexander, or which Paul, or which Boston is meant; for many different persons or places might be called by these names.

図 5-7
J. C. ネスフィールド *Idiom, Grammar, and Synthesis*

されたものであり、したがってその例文には同国の風物を反映させたものが散見する（例：'*the* Ganges'）。

　しかし後述するように、その解説はきわめて網羅的であり、かつ偶然にも日本の学習者たちを裨益する知見も盛り込まれていた。

　ネスフィールドの文法書は、嶋文次郎により『涅氏邦文英文典』として抄訳されることになる。また、すでに紹介したコックスや、ディクソンの文法書（*English Lessons for Japanese Students*）についても同様の訳書が出版された。

5.6　加速する「作り変え」の動き

名詞論、代名詞論

　それでは、これらの文法書によりもたらされた体系内容上の変化とは具体的にどのようなものであったのであろうか。

　名詞論については、すでにベインによりその基本的な枠組みが完成されていたことはすでに見た通りである。そしてこれと同様の内容は、彼の著作を読んでいたコックスをはじめ、シーモアやディクソン、ネスフィールドによっても踏襲されていた。

　その他の文法書についても、おおむね従来の枠組みが引き継がれていたといえるが、やはりベインの著作以外にはなかった「物質名詞」が欠落する場合が多かった。このことから、当時としては革新的であったこの概念の普及が比較的遅れていたことがうかがえる。

　一方、従来閑却されていた、個別表現の意味や用法、日英語の対照論については、大幅に解説量が増加したことが特徴的である。

　例えばディクソンの文法書では、'a music teacher' と 'a musical teacher' の差異が話題とされたほか、コックスの文法書でも、'my friend' と 'a friend of mine' が対照され、前者が 'the speaker has only one friend.' を示唆するものとされた。これらの説明は、いずれも彼らが教える当時のエリート学生のつまずきを反映させたものであった。

　また、菅沼岩蔵の教科書では、名詞の格を理解させる手段として日本語が活用されたほか（例：「Mary's（の）mother（か）went to a toy-shop（に）、

to pay some toys（を）」）、崎山元吉の著作でも、「日本語にては姓名共に
（様、殿）等の尊称を用うれども英語にては姓に限り（様、殿）等の尊称
を用い名を呼ぶときは呼捨」であること、さらには「英語にては〔日本語
とは違い―引用者注〕二個以上のものに在ては必ず複数の語を用」いること
が注意された。

　つづく代名詞論においても同様の姿勢は踏襲された。とりわけディクソ
ンやシーモアの文法書において、従来の形式変化規則が扱われることなく、
個別表現の意味や用法の解説に徹頭徹尾打ち込まれていたことが象徴的で
ある。

　この姿勢により、例えば指示代名詞thisやthatの用法をはじめ、「不特定
多数の人々」を示すoneやthey, youの用法、each otherとone anotherの違
い、さらには名詞の代用語として使われるone（不定）とit（特定）の違い
などが詳述されたのである。

　同時に、表現が持つ文体的な価値も注目されるようになり、例えば
It~toの構文については、ディクソンにより 'This is a construction to be
recommended for clearness, if the phrase or clause is considerably longer
than the rest of the sentence, or if it is very emphatic' と説明された。

形容詞論、副詞論

　英語の母語話者が深く内面化しているであろう表現の意味にまつわる知識
を客体化する姿勢が、最も顕著なかたちで現れたのがこれらの単元である。

　すなわち、そこでは従来の「比較」に関する規則群にくわえ、(a) little
や(a) few, some, any, many, much, several, one, another, other, the other,
so, enough などの意味が重点的に論じられたのである。

　同時に、類義語研究も盛んに行われるようになり、例えばanyとallの違
いについては、シーモアにより '"Any" differs from "all" in the same way
as "either" differs from "both"' と説明された。

　また、veryとmuchの違いについても、同じくシーモアにより 'The
former of these words is used to qualify adjectives, the latter to qualify past
participles and adjectives in the comparative degree. Both are used to
qualify adverbs.' と説明された。

　かねてより形容詞に含まれることが多かった冠詞についても同じ傾向が
あてはまる。なかでもディクソンの*English Lessons for Japanese Students*
とシーモアの*More Grammar Lessons for Japanese Students*においては、
それを構成する章の1つがまるごと冠詞の意味論のみに割かれていたこと
が象徴的であった。

　この姿勢は、コックスや斎藤平治、ネスフィールドの著作においても引
き継がれており、そこでは冠詞の基本用法をはじめ、定冠詞の総称用法や、
固有名詞と共起する定冠詞、一連の「名詞の種類」との関連、さらには慣
用表現に伴う冠詞の省略例にいたるまで網羅的に解説された。

　なお、同時期における革新的概念であった、形容詞の「限定用法」と
「叙述用法」については、その定着は比較的遅れていたようである。とい
うのも、これらを言及していたのは、管見の限りコックスやシーモア、ネ
スフィールドに限られるからである。

動詞論

　「補語」をはじめとする当時の革新的概念とは別に、その他の主要概念
や形式規則群については、従来の枠組みがおおむね継承されていたといえ
る。なかでも自動詞や他動詞の区分をはじめ、目的語、助動詞、規則・不
規則変化動詞、各種時制や法、態については安定的に引き継がれていた。

　また、かねてより混同されることが多かった不定詞（法）や分詞、動名
詞も同様に継承されていた。こうしたなかネスフィールドにより、動名詞
と現在分詞の語源的差異が説明されたことで、3者が独立したことは重要
な進展であった。

　一方、表現の意味や語法規則にまつわる解説も大量に補完された。例え
ば助動詞については、may や must, can, will, be able to などの用法をはじ
め、would や should の複雑な用法にいたるまで解説されたのである。

　時制についても、例えば現在形と現在進行形の違いについて、シーモア
により次の巧みな例文が提示された。‘Who teaches these boys? Mr. Green
teaches them, but he is sick, I am teaching them now.’

　また、to＋動詞と現在分詞の違いについても、例えば崎山元吉により、
前者が「未来にして未だ着手せず」、後者が「現在にして已に着手中」と

説明された。

　日英語の表現形式上の差異についても解説は及ぶようになり、例えば崎山元吉によっては、日本語の「くれる」と「やる」の区別が英語には存在しないこと（例：I lent him a book. He lent me the knife.）、また、英語の受動態や完了形がそのまま日本語に訳出されるわけではないことが指摘された（例：'Has the letter been brought by the postman?' =「此手紙は郵便配達人が持て来たか」）。

　くわえて、日本語の話者ならではの誤謬も各所で指摘されるようになり、なかでもこの典型ともいえるのが英語の否定疑問文への返答法であった。これを以下のように先駆的に説明していたのがディクソンである。

> We must now consider a mistake often made in answering questions put negatively. In English it is not permissible simply to affirm a negative question; we can do this only with a question put positively: ——
>
> 　'Did you not understand my lecture to-day?'
>
> To answer 'yes' would be meaningless. If the lectures was understood, the person addressed ought to say 'Yes, I did'; if it was not understood 'No, I didn't.'
>
> (*A Handbook of English for the use of the students in the Imperial College of Engineering, Tokyo*)

　ちなみに、インド人向けのネスフィールドの文法書においても、同様の誤用が指摘されていたことは興味深い。ここから、インド人向けの解説が偶然にも日本の学習者を裨益していたことがわかる。

「補語」、「独立分詞構文」、「準動詞」

　同時期の動詞論で見られた進展として、「補語」や「独立分詞構文」、「準動詞」の導入があげられることはすでに本章で見た通りである。

　しかし、これらについてもその定着は遅れていたようであり、例えば「補語」については、管見の限りコックスやシーモア、斎藤平治、ネスフィールドによって言及されるのみであった。

　同様に、「独立分詞構文」についても、コックスやシーモア、ネス

フィールドにより、'absolute construction' あるいは 'Absolute Participial Construction' として体系化されるのみであった。

さらに「準動詞」にいたっては、管見の限りこれを 'Verbal' という原語で明示していたのは斎藤平治のみであり、ここから当時においては従来の「不定法」を継承したものが依然として多数派であったことがわかる。

なお、上述した「補語」については、当時の舶来文法書で見られた混乱がそのまま反映されるかたちとなっていた。すなわち、他動詞の目的語を「補語」の一部と見なす分析がコックスや斎藤平治によって行われる一方で、ネスフィールドの著作においては現代と同じ主格補語と目的格補語の分析が展開されていたのである。

重視された「直接話法・間接話法」と「時制の一致」

当時の学習者が、とりわけ習得に困難を感じていたのが「直接話法・間接話法」と「時制の一致」であった。例えば1897（明治30）年の『中外英字新聞研究録』では、「Direct Narration を Indirect Narration に改むるは英文法中最も難解の一つ」と指摘されていたのである（「英文法之一節」『中外英字新聞研究録』1897年）。

しかしながら、これまた同紙が述べるように、これらに関する解説が「Swinton其他の普通文法書中に省けり」（同上）の状態であったこともすでに見た通りである。

この不足を補うように、チェンバレンやコックス、ディクソン、シーモア、ネスフィールドの文法書では、これらの項目が重点的に解説された。なかでもコックスは、わざわざ自著の冒頭で、'Direct and Indirect Narration' と 'Sequence of Tenses' という用語を導入しつつ、これらが 'sources of difficulty to Japanese Students' と言明している。

同様の認識は、日本人学生を教えていたディクソンによっても共有されており、彼は自らの著作のなかで 'Indirect Narration' に関する章を独自に設けたうえで、関連する「時制の一致」についても以下のように注意を促していた。

SEQUENCE OF TENSES. If the principal or introductory verb in a *complex* sentence be in a past tense, the subordinate verbs must of necessity be in the past, unless a general truth to which the writer or speaker himself wishes to assent has to be expressed〔中略〕This rule is an important one, and is more transgressed than almost any other by Japanese students.

(*A Handbook of English for the use of the students in the Imperial College of Engineering, Tokyo*)

　そして、上記の原則を確認する手段として用いられたのが、異なる話法間における書き換えであった。例えばディクソンやシーモアの文法書では、以下のような例文が提示された。

He said, "I am sick."

　→　He said that he was sick.

She said to me, "Do you feel the earthquake?"

　→　She asked me if I felt the earthquake.

I said to the children, "Don't make such a noise."

　→　I told the children not to make such a noise.

I overheard him say, 'My father died last night.'

　→　I overheard him say that his father had died on the previous night.

　最後の文に見える 'last night' が 'the previous night' に変化していることからもわかるように、話法の転換に伴う時間や場所を示す表現の変化についてもくわしく論じられた（例：now→then, this→that, tomorrow→the next day）。

　しかしながら、こうした一連の進展にもかかわらず、当時の文法書においても導入されることのなかった概念が存在したことをここで指摘しておきたい。それらをまとめておくと、「使役動詞」、「知覚動詞」、「全否定・部分否定」、「基本５文型」、「形式目的語」（「形式主語」についても、'Formal subject' という語は見られない）、「意味上の主語」、「分詞構文」、「無生物主語」となる。

前置詞論、接続詞論、統語論

　前置詞論や接続詞論においても、その意味用法が解説の中心となった。

　なかでも象徴的なのがディクソンの文法書であり、その主著である *English Lessons for Japanese Students* においては、全体の約3分の1にあたる頁数がすべて前置詞の意味論のみに割かれていた。

　同様の姿勢は、コックスやシーモア、斎藤平治、崎山元吉、ネスフィールドの文法書にも見られ、彼らの解説が前出のベインによるそれを凌駕することもしばしばであった。

　例えば前置詞againstの解説を見ると、ベインはこれについて 'towards'，'opposite to'，'in opposition to' の意味を指摘するのみにとどまっていたのに対し、斎藤平治は「比較もしくは其他に反対」、「敵対」、「劇けしく触れ来る」、「画もしくは景色等にて後の方」、「背にする」、「向側」、「予備もしくは後事の為め」などの用法を日本語で指摘していたのである。

　つづく接続詞論においては、当時の革新的概念である「等位接続詞」と「従位接続詞」が、コックスや斎藤平治、ネスフィールド、松島剛・長谷川哲治、冨山房の文法書で体系化されていた。

　さらに統語論においては、これまた革新的な「複文」を含む文の3構造、および意味にもとづく文の4種類をすべて体系化していたのが、コックスや斎藤平治、ネスフィールド、松島剛・長谷川哲治であった。このうち、ネスフィールドは「単文」、「複文」、「重文」間の書き換え練習をとりわけ重視していたことが特筆される。

第6章 「学習英文法」体系の完成
——明治30年代

6.1 終焉に向かう「英学」

　幕末の敵国研究に端を発し、その弱小国としての立場から英語や原書、外国人を介して行われた「英学」であったが、その目的は当然のことながらこの状態にピリオドを打つこと、すなわち日本の国家的自立と、それと連動した学問や教育の邦語主義化であった。

　いいかえれば、「英学」が進展し成果を収めるにつれ、従来のごとく英語が学問や教育の媒介物としておのずと学者の肌身に染みつき、必然的にその高度な運用能力を保証し得た時代が終わりを告げ、新たに英語そのものが日本語をもとに客体化され、意識的かつ解析的な学習の対象とされる傾向が顕著になるということである。

　このような時代変化については、1909（明治42）年当時東京高等商業学校（一橋大学の前身）教授であった長谷川方丈が、次のように述べていたことが記録されている。「昔は英国人のような心持で英語を書いたが、今日では日本人の英語と云う感じがある」と（「片々録」『英語青年』第22巻第1号、1909年）。

　むろん前章までに見てきた英文法の「作り変え」の過程についても、こうした変化のなかに位置づけられる現象であった。そして、明治20年代に相次ぐ邦語版文法書の出版に象徴されるように、従来の「英学」はだいたい明治30年代までにその役割を終えていたのである。

　これを象徴するように、明治を代表する「英学者」であった福沢諭吉が、日清・日露戦争の戦間期である1901（明治34）年にこの世を去っている。

　そして、時代は英語それじたいが、近代化に伴い激増した「学校」という空間で「教授」の対象となる「英語教授」の時期を経て、新しい「英語教育」へと推移していく（第3部参照）。すなわち、従来における学問や教育の手段であった英語が、最終的に「国語」（1900年の小学校令改正により、義務教育機関に「国語科」が設置される）を拠り所とした客体化と相

互作用性を帯びつつ、近代的な「学校教育」制度における人間形成や教養の手段として再解釈されるのである（小林敏宏・音在謙介「「英語教育史学」原論のすすめ──英語教育史研究の現状分析と今後の展開への提言」、「「英語教育」という思想──「英学」パラダイム転換期の国民的言語文化の形成」）。

　一般に、自らが慣れ親しむ場をあえて離れることが教養や知性の涵養につながることを考えれば、この「離れる」ことを可能にさせる「国語」空間の確立と普及に一役買った「英学」は、結果的に「英語教育」を準備したといえそうである。

6.2　時代転換期における、「学習英文法」の一応の完成

　新しい「英語教育」体制下において、英文法もまた一種の思考訓練や人間形成、さらには「国語」への省察をもたらすための具として再解釈されることになるが、この詳細は第3部に譲ることとして、第2部を締めくくる本章においてまず確認されるべきは、上述の転換期において、「学習英文法」が一応の完成期を迎えていたということである。

　いいかれば、明治30年代から40年代・大正初期にかけて、それまでの「英学」時代を通じて連綿とつづけられてきた「作り変え」の作業が総決算期を迎え、また同時に、新しく「英語」を「教授」する時代の要請をも盛り込んだ体系が構築されたということである。

　そして、こうした日本の英文法史上における画期をもたらした人物こそ、「日本英学界の巨人」とされる斎藤秀三郎（1866〜1929）であった。とりわけその主著の1つである *Practical English Grammar*（1898〜99）により、日本の「学習英文法」は一応の完成を見ることになる。

図6-1　斎藤秀三郎

103

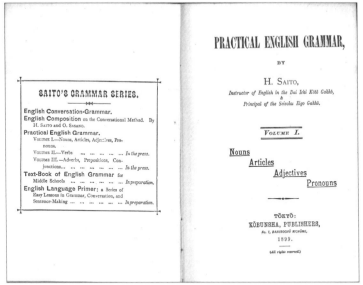

図 6-2　斎藤秀三郎 *Practical English Grammar*

6.3　「学習英文法」と「イディオモロジー」

　注目されるべきは、斎藤が上述の *Practical English Grammar* を 30 代前半という若さで著していたことからもわかる通り、彼にとり「学習英文法」とはその研究人生における 1 つの通過点に過ぎなかったということである。

　前章で見た通り、「学習英文法」を構成する理論的枠組みや形式規則群は、すでに明治中期の時点でほぼ完成していた。そして、これをもたらしたスウィントンやベイン、ネスフィールドの文法書は斎藤によっても読まれており、その内容の多くが継承されていくことになる。

　こうしたなか、斎藤の独自性が発揮されるのは、多くの場合、従来の「作り変え」という創造的作業のなかで重視されてきた意味用法論やこれに関連する語法・イディオム論、さらには日英の比較対照論であった。

　後述するように、こうした彼の研究姿勢は「学習英文法」の成立にも影響を及ぼす。しかし、それはやがてこの枠組みをはるかに超えていき、彼

独自の「日英組織慣用語法学」（'English Idiomology'）という学問へと昇華していくことになるのである。

　斎藤の「イディオモロジー」については、弟子の佐川春水による以下の解説が参考になる。

　　イヂオモロヂーは即ち Idiomology である。氏が畢生（ひっせい）の事業として居られる English idiom の学問という意味で辞書には見えない全く斎藤氏自製の新語である。［中略］日本語と英語とは根本的に性質を異にして居るから、日本人が英語を研究するのは欧羅巴大陸の人たちがやるのとは大変に勝手が違う。随（したが）って外国人には迚（と）ても想像の出来ない程な大困難が日本の英学生の進路を邪魔して居るのであるが其点に十分なる同情を持って日英両国語の橋渡しをして呉れる人が無かった［中略］英米人に成るために英語を勉強するのでない以上吾々は日本語を忘れる訳には行かぬ。随（したが）って日英両国語の比較研究が必要になって来る。斎藤氏は夙（はや）くから此点に着眼して日夜研究の結果遂に Idiomology の書を著わすに至った次第である［後略］。

　　　　　　　　　　　　　　　　　（「『日英縁結』」『英語の日本』1908年）

　注目されるべきは、「英米人に成るために英語を勉強するのでない以上吾々は日本語を忘れる訳には行かぬ」という、「英米人」への同化を積極的に拒否する「英学」以来の研究戦略、すなわち英語（とりわけその慣用語法）を独立国の「国民」たる「日本人」としての立場・視角から（＝「日本語」で／とすり合わせて）客体化するイディオモロジーの姿勢である。これじたい、前章までに見てきた「作り変え」の作業の延長線上に位置づけられるものであるが、この過程のなかに必然的に含まれる創造性の作用は、やがて斎藤をしてノーベル賞委員会へと推薦される手続きがとられるほどの世界的業績を生み出すことを可能にさせたことを忘れてはならない。

　しかしながら、本書は「学習英文法」という限られた枠組みに関心を寄せているため、斎藤のイディオモロジーをこれ以上くわしく論じることはできない。したがって本章は、斎藤がその前段階ともいえる「学習英文

法」にいかなる足跡を残したのかという問題に的を絞り、叙述を進めていくことにする。

　なお、先述した*Practical English Grammar*という著作は、どちらかといえば研究書としての性格が強かった。また後述する、斎藤が通過した特殊な時代環境もあり、その大部分が英語で書かれていた。

　よってまもなくしてこれを簡約・邦訳した著作が刊行されることになり、このなかには明治30年代に続々と出版された斎藤の英文法教科書、あるいは門下生の山崎貞による『自修英文典』(1913) などが含まれる。

　なかでも『自修英文典』が歴史的に果たした役割は大きく、その改訂版である『新自修英文典』が2008（平成20）年に研究社から復刊されていることからもわかるように、その内容は長らく「学習英文法」の定番の1つとされるのである。

6.4　斎藤秀三郎の略歴

　斎藤秀三郎は1866年に東北は仙台の地で生まれた。彼は幼い頃より進歩的な思想を持つ父の下でアルファベットを習い、早くから英語と触れ合う機会を有していたとされる。

　しかし、彼が本格的に英語に取り組みはじめたのは、1874（明治7）年に入学した官立宮城英語学校以来であった。彼はそこでグールド（C. L. Gould）というアメリカ人について英語を学んでいる。

　宮城英語学校での教育は、当時の特殊な時代状況を反映して、主に英語や英米人、原書を介して行われていた。斎藤もこうした環境のなかで、自らの母語を犠牲にしながら英語を学んでいたとされる。

　その後、同校を卒業した彼は、一時東京大学予備門に入学するも、その工学者となる志から、1880（明治13）年に工部省の工部大学校に入学することとなった。

　斎藤はここで純正化学や造船学を英語で学んだが、その過程で折しも同校で教えていた前出のディクソン（J. M. Dixon）やブリンクリー（F. Brinkley）との出会いを果たした。そして彼らの影響もあり、彼はその一生の進路を英語研究へと転じることになるのである。

ENGLISH GRAMMAR
SELF-TAUGHT
自 修 英 文 典

INTRODUCTION.
緒 論

I. LETTERS AND WORDS.
字 と 語

(1)　Word (語)――人の聲音の意義あるものを Word (語) と
いふ。

(2)　Letter (字)――語を物に書きつくる種を Letter (字)
といふ。「いろは」四十七字を以て凡ての日本語を書き表
はす事が出來ると同様に "ABC" 二十六字を種々様々に組
み合せて十何萬といふ英語を書き表はす事が出來る。
"ABC" 二十六字を一括して Alphabet (字母) といふ。
【注意】Letter に「字」又は「文字」Word は「語」「詞」「言葉」など譯す
べきであらう、口語では Word の事を「字」などといふ事もあるが、學問上で
は嚴格に區別して扱かねばならぬ。

図6-3　山崎貞『自修英文典』

　斎藤が後に見せるイディオム研究への熱意は、ディクソンの影響による
ものであったとされている。また、ブリンクリーについても、斎藤はその
学識に深く敬服しており、例えば1908（明治41）年の『英語青年』では、
「外人で眼の有るものはBrinkley位のものだ」と自ら語っていたことが記

録されている（Y. F. 生「斎藤秀三郎氏の談片」『英語青年』1908年）。

　前者のディクソンは明治20年代に離日するが、ブリンクリーと斎藤との親交はブリンクリーがこの世を去る1912（大正元）年にいたるまでつづけられた。これを示すように、1911（明治44）年に刊行された斎藤の英語教科書、すなわち*The World's English Primer, The World's English Readers, The World's English Higher Readers*はすべてブリンクリーとの共著であった。

　両者の親交については、英学史家である大村喜吉（1916～2003）も注目しており、「斎藤秀三郎はその生涯を通じて文字通り「巨人無朋」、真に友人と称すべき人がいなかったことから考えても、このブリンクリーと彼の交際は特記すべきものがある」と言及している（大村喜吉『斎藤秀三郎伝――その生涯と業績』）。

　ここで大村がいみじくも斎藤の「巨人無朋」ぶりを指摘しているように、彼にはもともと豪放磊落なところがあり、また激しい気性の持ち主でもあったとされている。そして、こうした性格もあってか、斎藤は1883（明治16）年、通っていた工部大学校を放校処分となっている。

　その後、郷里の仙台に戻った彼は、さっそく自宅内に英学塾を開き、英語や造船学、幾何学などを教えはじめた。しかし、ここでも出会えた弟子や仲間たちとの喧嘩が絶えず、その剛直なまでの熱意が空回りすることもしばしばであった。

図6-4　工部大学校本館

　こうして英語人として多難な船出を迎えていた斎藤であったが、やがて彼にも大きな出世のチャンスが訪れる。というのも、1887（明治20）年に創設された第二高等中学校に、助教授として採用されたからである。しかしここでも彼は米国人の主任教師と衝突し、まもなくしてその職を辞してしまう。

　その後、斎藤は東北の地を離れ、岐阜や長崎、名古屋の中等教育機関で教鞭を執ることになった。この間、彼は数々の英文学作品を読破したほか、ドイツ語やフランス語、ラテン語、ギリシア語の学習に勤しむなど、猛烈な勉励ぶりを見せたことが特筆される。

　そして、こうした努力が報われるかたちで、斎藤は1893（明治26）年、東京は第一高等中学校（東京大学教養学部の前身）の英語教師に就任することになった。また同年には、中等教育向けの文法書である*English Conversation-Grammar*（明治29年2月17日文部省検定済・中学校外国語科）を刊行した。

　さらにその3年後である1896（明治29）年、斎藤は東京の神田区錦町に自ら「正則英語学校」を設立した。その際、彼がかつての「英学」の総本山である慶應義塾で行われていた、音声軽視・訳読専一の「変則英語」への対抗心から、「正則英語」を標榜したことが注目される。

　同時に、上述した*English Conversation-Grammar*のなかで、斎藤が'Conversational Method'という「教授法」に興味を寄せていたことも注目される。なぜなら先ほどの「正則英語」志向とあわせ、これらの動きは斎藤が「英学」終焉後に訪れた「英語教授」の時代に掉さす行動をとっていたことを示しているからである（斎藤がやがて英語そのものの研究者となったこともこれを象徴する事実である）。

　こうして新しい時代状況に対応しつつ、自らの活動をも軌道に乗せるなかで、斎藤が1898（明治31）年から1899（明治32）年にかけて著したのが、前出の*Practical English Grammar*（全4巻）であった。

6.5　斎藤による文法観の転換

　それでは、*Practical English Grammar*をはじめ、それに付随する参考書・教科書等を通じて、斎藤は「学習英文法」にいかなる足跡を残したの

であろうか。

　まず全体に関わることとして、伝統的な「品詞（語形）論」と「統語論」の区別が撤廃されたことが注目される。すなわち彼自身の言葉を借りれば、'In learning a language so slightly inflected as English, the study of *form* should go hand in hand with that of *meaning*. There is no need of separating English Syntax from English Etymology. The student must know the use and meaning of the different forms' というのである（斎藤秀三郎 *Practical English Lessons, No. 2 (Fourth Year)* 訂正再版、1901年）。

　つまり斎藤は、英語の形式的特性に対する考慮から、従来の体系を支配していた「縦割り」の組織を廃し、新たに「形式」（'form'）と「意味」（'meaning'）にもとづく記号の体系として横断的に文法事象を捉えていたのである。

　さらに彼は従来の文法書を次のように批判することで、新たに「意味」を重視した文法体系の構築を志向していた。'The ordinary grammar gives only a tabulated scheme of these forms, and fails to impart the usages which are of necessity connected with them.' と（斎藤秀三郎 *Practical English Lessons, No. 2 (Fourth Year)* 訂正再版、1901年）。

　斎藤が見せたこのような志向性により、従来、抽象的な定義や形式規則群の羅列に終始しがちであった文法体系が、より具体的で、「実用的」（'Practical'）なものとなった。さらに、従来の 'Etymology' に含まれた品詞分類の枠組みも相対化されるとともに、そもそも「文法」が扱う事象もかつてないほどまでに拡張されることになった。なぜなら、従来の「語」と「文」の枠組みに含まれる個別表現の意味用法はおろか、その狭間にあることで閑却されてきた種々のイディオムや構文も大量に盛り込まれたからである。

　つまり斎藤はそれまでの「作り変え」の路線、とりわけその意味用法重視の路線を継承し発展させたうえで（彼の日英対照論については後述）、「文法」を「辞書」に接近させたのであった。このことは、斎藤が後に見せる辞書家としての側面を予告するようで興味深い（例：『熟語本位英和中辞典』［1915年］、『携帯英和辞典』［1922年］、『斎藤和英大辞典』［1928年］）。

　第3部で見るように、より 'Practical' になった文法体系は、同時期に唱

導された、具体的な英文を用いた帰納的な文法「教授法」と親和的であったこともあり、大いに歓迎されることになる。

6.6　精密な意味分析と連動した横断的解説

斎藤の価値転換により生み出された文法は、彼自身も 'it may still be said that nowhere else will the student find such an amount of information on the subject of practical grammar in a collective form.' と自負したように（*Practical English Grammar*）、従来の文法書の追随を許さないほどの情報量を備えていた。

また、肝心の質についても、それは現代の「学習英文法」のレベルをはるかに凌駕するほどのものであったといえる。よってここでは、斎藤の解説ぶりをよく示すと思われる事例を中心に概観しておくことにする。

名詞論では、従来の枠組みがすべて踏襲されたうえで、意味論的観点から、名詞の5種類と、数や冠詞、形容詞などとの関係を考慮した横断的解説が展開された。

例えば「集合名詞」people については、「国民」という意味で用いられる場合には不定冠詞がつけられるのに対し、「人々」や「世間の人」という意味で用いられるときにはその限りではないことが指摘された。

「抽象名詞」の意味についても、基本的にこれが不定詞の名詞的用法や動名詞のそれと合致すること、さらに「物質名詞」についても、これに定冠詞が加わると一転して 'a particular portion' の意味に変化することも注意された。

「普通名詞」の複数形についても、例えば 'Pens are made of steel.' 'Put the pens in the box.' ' I want some pens.' という英文が比較されたうえで、1つ目の pens が 'Pens in general' , 2つ目が 'Some particular pens' , 3つ目が 'A certain number of pens' を意味することが指摘された。

代名詞論においても同様に、従来の枠組みが踏襲されたうえで、表現の「形式」と「意味」にもとづく横断的解説が展開された。これにより、従来、統語論の枠組みのなかで論じられてきた規則がこの単元に新しく盛り込まれたほか（例：'When the Pronouns are joined by "*or*," the Verb agrees in Person and Number with the Pronoun nearest to the Verb.'）、個々の代名詞の用法も詳述されることになった。

　例えば「人」を表すoneについては、‘“*One*” (人) means “*any one*,” and is used as an Indefinite Subject, especially in putting a supposition by way of argument or illustration.’ と説明されたほか、日本人学習者が混同しがちな‘*A picture of her*’ と ‘*A picture of hers*’, ‘*Her picture*’ の違いも解説された。また、人称代名詞youに文全体の ‘vividness’ を高める効果を認めるなど、現代の標準的な「学習英文法」のレベルを超えていると思われる知見も散見する。

　つづく形容詞論、副詞論においても、従来の枠組みや形式規則群が踏襲されたうえで、これに含まれる個別表現の意味が重視された。例えば「不定」を表すcertainやsome, anyの違いのほか、(a) fewや(a) littleの用法、さらにはevery, each, all, ever, always, since, ago, often, either, nearly, almost, still, same などの用法がその類義語と対比されるかたちで解説されたのである。

　くわえて、例えば形容詞otherの用法と連動して、‘one after the other’ や ‘one after another’ などの表現が紹介されたことに象徴されるように、個々の表現に関連するイディオムや構文も大量に体系化されることになった。この結果、現代のわれわれにとってもなじみ深い ‘would rather A than B’ や ‘no / not more / less than’ をはじめ、‘A whale is no more a fish than a horse is.’ , ‘He saves what little money he earns.’ といった定番の例文も導入された。

　冠詞論においても同様に、‘Not a soul was to be seen in the streets.’ や ‘He looked me in the face.’ といった定番の例文が導入された。また、‘in a word’ や ‘at a time’ をはじめとするイディオムも多数紹介された。

　むろん冠詞の意味論も充実したものとなっており、そのなかには現代の標準的な「学習英文法」の範囲を超えていると思われる分析も散見する。例えば不定冠詞と、その類義語である oneやany との対照研究のほか、職業名として使われる定冠詞（例：‘He has been bred for *the law*.’）、あるいは接続詞andとの関連などである（例：‘*The English* and *the French army*.’ ＝「相敵する軍」、‘*The English and Prussian armies*.’ ＝「同盟軍」）。

　こうした特徴は、前置詞や接続詞の解説についてもあてはまる。このなかではもちろん、従来見られた統語的特徴の説明や、「等位・従位接続詞」といった当時の革新的な枠組みも踏襲されたが、その解説の力点は個々の表現の意味や、関連するイディオムや構文の紹介に置かれていた。

　ここで斎藤の解説の網羅性を確認すべく、前章でも紹介した前置詞 against の分析を、同時期のネスフィールドによるそれと比較してみたい。

【ネスフィールド】

Against (on + going): opposition of some kind:─

1. He is leaning *against* the wall. *Opposition of place.*

2. He is acting *against* his own interests. *Opposition of aim.*

3. Store up your grain *against* famine. *Provision for.*

4. Four students have passed this year *against* three last year. *Comparison.*

　　　　　　　　　　　　　　　　　　　　　(*Idiom, Grammar, and Synthesis*)

【斎藤秀三郎】

　　　　　　　　　　　　　　　"Against."

(1) *Opposition in Position or Motion*:─A ship can not sail *against* the wind.

(2) *Figurative Meanings*:─

　　(*a*) *"In opposition to"*─I consented *against* my will.

　　(*b*) *"Unfavorable to"*─I know nothing *against* him.

　　(*c*) *"In provision for"*:─Have everything ready *against* his return.

　　(*d*) Contrast:─The outlines of the mountain were clearly drawn *against* a bright blue sky.

　　(*e*) *Comparison*:─Weigh thy opinion *against* Providence.

　　　　　　　　　　　　　　　　　　　　　　(*Practical English Grammar*)

6.7　斎藤秀三郎の動詞論——態、時制、法、助動詞、動詞の型

　動詞論においても、個々の具体的な表現の意味を重視した横断的解説が展開された。

　例えば態については、従来の形式的説明のほか、受身の意味で用いられる能動態や（例：The book is printing. Books to sell）、態の転換に伴う代名詞の振る舞い（例：What do you call this tree? = What is this tree called?）、become や get, have, make を用いた受動態（例：I had my watch stolen. I could not make myself understood.）、使役動詞や知覚動詞を伴う英文の受動態（例：I was made to do it.）、そして関連するイディオムが紹介された（例：be known to、be made of / from / into）。

　第4章で見た明治初期の英文法書の内容と比較すると、斎藤の体系ではその意味重視の姿勢にもとづく具体性と精密さ、および領域横断性において著しい進展が見られることがわかる。つまり現代のわれわれにとってなじみ深い上記の解説は、いずれも「英学」から「英語教授」への転換期に起きた、文法の「辞書」化によってもたらされたものなのであった。

　つづく時制についても同様に、それぞれの形式変化規則群が簡略に触れられたうえで、それらの用法が重視された。とりわけその複雑な用法の存在により学習者を悩ませる現在完了形については、その基本的な用法の紹介にはじまり（例：完了、経験、継続）、過去形や現在完了進行形との関連、さらにはこの種の表現に付随する個々の語法規則が網羅的に論じられた（例：just, always, already, yet, (n)ever, since, just now, have gone/been to）。

　法においては、直説法や仮定法、命令法が踏襲されたうえで、新しく 'Conditional Mood' が追加されたことが特筆される。後に「条件法」（斎藤）や「結題法」（山崎貞『自修英文典』）などと訳されるこの概念は、従属節に仮定法が適用された英文の主節に適用される法のことを指していた。これは斎藤が仮定法 = 'Subjunctive Mood' の適用を従属節のみに限定したためである。

　ただしこの概念については、弟子の山崎貞すら、「Conditional Mood を設けて居らぬ文法書が多いが本書は説明の便宜の為に之を設けた」（『自修

英文典』）と述べることで、消極的な姿勢をにじませていた。

　この概念の是非について、ここで深入りする必要はない。むしろ注目されるべきは、これらの法についても、従来の斎藤の解説手法が踏襲されていたという事実である。これにより、両者の過去や過去完了などの時制における用法をはじめ、'as it were' や 'so to speak' , 'as if/though' , 'were to' , 'were it not for' / 'had it not been for' / 'but for' / 'without' , 「万一」のshould, 'for fear/lest' などの具体的表現が紹介されることになった。くわえて、'I wish I were a bird.' や 'To hear him speak English, one would think him an Englishman.' などの定番の例文も導入されたのである。

　同じことは助動詞についてもあてはまり、その用法のみならず、'have to' や 'had better' , 'may well' , 'may as well' , 'would often / used to' などの表現、さらには 'It is strange / natural / a pity / high time that S should' や 'I am surprised that S should' などの事例も紹介された。

　なお、助動詞については、従来、「可能法」と呼ばれる枠組みとの関連から論じられていたことはすでに見た通りである。しかし斎藤は、前章で見たベインと同様、この法の存在を明確に否定している（ただし、説明上の便宜からこれを利用することはあった）。

　一方、同じく「法」の一部とされてきた「不定法」については、'The *Infinitive* is sometimes called a Mood.' と述べることで、あいまいな姿勢を見せていた。また初学者向けの教科書においても、「Infinitiveを Moodと称するものあれども通常Infinitiveは働詞より作れる一種の名詞（Verbal Noun）」であることを指摘している（斎藤秀三郎『英文法初歩』訂正再版、1901年）。こうした態度もあってか、これはやがて弟子の山崎貞により、動名詞や分詞とともに 'Verbals'（「変態動詞」）に包摂されることになった。

　もちろん、ただいま述べた不定詞、分詞、動名詞についても、個々の表現の用法がその解説の中心となっていた。例えば不定詞については、その名詞的、形容詞的、副詞的用法がその具体例とともに指摘されたうえで、関連するイディオムが多数導入されたのである（例：To be frank with you, Strange to say, so to speak, To do him justice, to be sure, to begin with, in order to, so ~ as to, enough to, too ~ to, had better, would rather ~ than, do nothing but, can not but）。

　最後に、「動詞の型」については、ベインやネスフィールドの知見が継承されるかたちで、(1)（完全）自動詞、(2)主格補語（'Nominative Complement'）をとる不完全自動詞、(3)目的語をとる他動詞、(4)直接目的語（'Direct Object'）と間接目的語（'Indirect Object'）をとる授与動詞、(5)目的語と目的格補語（'Objective Complement'）をとる不完全他動詞、の存在が指摘された。

　ただし、管見の限りこれらが「基本5文型」などと呼ばれることはなく、したがってこの概念の成立については別途検討がくわえられなければならないことになる。本書は残念ながらその歴史的起源について明言することはできない（「補語」の起源を含む、このテーマについては、『「5文型」論考── Parallel Grammar Series, Part II の検証』の著者・川嶋正士氏による一連の研究を参照されたい）。

6.8　「使役動詞」と「知覚動詞」の誕生

　斎藤が見せた意味重視の姿勢は、従来の体系には見られない概念を生み出すことにもつながった。その１つが、「使役動詞」と「知覚動詞」である。

　従来、これらについては、後続する動詞がtoをとらない原形不定詞であることにかんがみ、同様の振る舞いを見せる助動詞と一括して説明されていたことはすでに紹介した通りである（第4章参照）。

　しかし、その後、斎藤の師であるブリンクリーを起点とした、一連の「作り変え」の作業が進展するなかで、徐々にこれらの意味が注目されるようになった。

　そして、最終的にこれらを以下のように 'Causative Verbs', 'Verbs of Perception' としてはじめて体系化したのは、管見の限り斎藤秀三郎である（以下の引用文中、下線は引用者）。

Infinitive without TO.—The "*to*" is omitted—
(*a*) After most Auxiliary Verbs:— ［中略］

(b) After the Object of the <u>Verbs of Perception</u>—*see*, *hear*, *feel*, *watch*, *behold*, *observe*, *perceive*. etc. ［中略］

(c) After the Object of the <u>Causative Verbs</u>—*let*, *make*, *have*, *bid*.

(Practical English Grammar)

6.9 「全否定・部分否定」、「形式主語／目的語」、「意味上の主語」の誕生

　いずれも意味上の現象に関わるこれらの概念についても、管見の限り、斎藤によりはじめて体系化されたものであった。

　このうち、まず「全否定」('Complete negation') と「部分否定」('Partial negation') についていえば、これらは管見の限り従来の文法書において論じられた形跡はなく、斎藤によりはじめて本格的に注目された現象であった（例：Not all, Not both, Not every）。

　つづく「形式主語」については、従来のベインやスウィントン、斎藤平治の文法書において 'anticipative subject / pronoun' と呼ばれていた（第5章参照）。また、その虚辞としての役割もしばしば指摘されていた。

　しかし、これに類似するはずの「形式目的語」については、管見の限りほとんど論じられることはなく、わずかにブリンクリーやチェンバレンにより例文が提示され、その機能についての示唆的な言及が行われるにすぎなかった。

　こうしたなか、これらの語の振る舞いについて「形式」という用語を用いて説明を施したのが、明治中期を代表する英語雑誌『日本英学新誌』である。

　すなわち同誌によれば、'*It* was not easy *to* wound his feeling.' の「itは形式上の主格」であり、'My generous patron had *it* not in his power *to* introduce me personally.' の「itは形式上の目的格」であるというのである（「講述」『日本英学新誌』1894年）。

　そして、最終的にこれらを 'Formal Subject / Object' として体系化したのが斎藤秀三郎であった。彼によれば、'When the Subject of a Sentence or the Object of a Factitive Verb is an Infinitive, it is usually thrown to the end

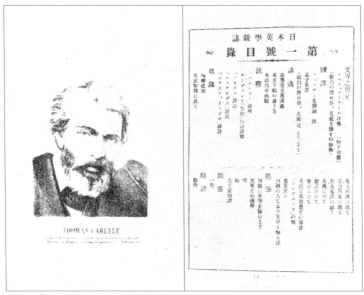

図 6-5　『日本英学新誌』第 1 号目録（明治 25 年）

of the sentence, "*it*" being used as Formal Subject or Object.' というのである（*Practical English Grammar*）。

　最後に、「意味上の主語」については、すでにブラウンやベイン、ブリンクリー、コックスにより、不定詞句内や動名詞句内における主述関係が指摘されていた。そのうえで、分詞句内の主述関係を新たに指摘しつつ、これらに 'Sense-Subject' という用語を用いて説明を加えたのは斎藤秀三郎である（伊藤裕道「文法事項の史的検討（その 1）―― Sense Subject 及び *the way how*」）。

6.10　「分詞構文」の誕生

　形式面を重視する従来の舶来英文法書において、この種の英文の特殊な意味用法が注目されることはほとんどなく、また、これじたい通常の「分詞」と区別されることなく論じられるのが通例であった。

　例えば、以下のスウィントンによる解説が示すように、現代の「分詞構

文」は単なる「分詞句」と見なされるにとどまっていたのである（以下の
引用文中、下線は引用者）。

A phrase may be introduced by— ［中略］

3. A *participle*, thus forming a <u>participial phrase</u>: as—

  1. *Having crossed the Rubicon*, Caesar's army advanced on Rome.

  2. Children, *coming home from school*, look in at the open door.

(A Grammar containing the Etymology and Syntax of the English Language)

　この種の「分詞句」に付随する特殊な意味機能や、同義の副詞節への書
き換えを先駆的かつ網羅的に論じていたのは、ブリンクリーの『語学独案
内』であった（第4章参照）。さらに、コックスやディクソン、シーモア、
ベイン、松島剛・長谷川哲治らの著作でも同様の解説が施された。

　他方、この種の英文に先んじて「構文」としての組織化を完成させてい
たのが「独立分詞構文」であった（第5章参照）。これはスウィントンやベ
イン、コックス、シーモア、ネスフィールドらにより 'Absolute
(Participial) Construction' と呼ばれており、また、この種の「構文」に含
まれる特殊な意味機能や同義の副詞節への書き換えも論じられていた
（例：'Our pace was slow, the horse being tired.' → 'Our pace was slow,
because the horse was tired.'）。

　そして、最終的にこれらを統合し、'Participial Construction'（「独立分詞
構文」については 'Absolute (Participial) Construction'）という概念を創出
したのは斎藤秀三郎であった（伊藤裕道「現在分詞と動名詞（-ing form）──文
法事項の史的検討（4）」）。

　以下はその解説の一部であるが、これらの英文が同義の副詞節の
'condensed way' と見なされていることからもわかるように、これらの
「構文」化を促したのは、両者が共有する特殊な意味であったといえる
（以下の引用文中、下線は引用者）。

> There is another use of the Participle as a condensed way of expressing what would otherwise to be expressed by an Adverbial Clause of Cause or Time. This is called Participial Construction.
>
> *Being* (=*As he was*) the son of poor parents, he had to encounter many difficulties at the outset of his career.
>
> *Seeing* me (=*When he saw me*), the man ran away.
>
> The sun *having set* (=*As or When the sun had set*), we started for home.
>
> (Practical English Grammar)

6.11 もう1つの「作り変え」──日英対照論

斎藤秀三郎の体系においては、従来の「作り変え」の手法の1つであった日英対照論が重視されていたことも特徴的である。例えば、代名詞を用いた 'She lost *her* way in the woods.' という例文に関連しては、'The Possessive Pronoun is used more frequently in English than in Japanese.' と指摘されていたのである (*Practical English Grammar*)。

同様に、動詞論においても、日英の慣用語法上の差異がしばしば指摘された。なかでも現代にまで受け継がれる知見として注目されるのが、受動態、および他動詞文の主語をめぐる日英対照論である。

> The following Idiomatic Passives are Active in Japanese.
>
> "*To be found*"（天然にある。居る）［中略］"*To be drowned*"（溺死する）［中略］"*To be wrecked*"（破船する）［中略］"*To be taken ill;*" "*to be seized with an illness*"（病に罹る）［中略］"*To be afflicted with*（=to suffer from）*a disease*"（病を患う）［中略］"*To be subjected to some treatment, operation, experiment, torture, etc.*"（受くる）［中略］"*To be examined*"（試験を受くる）"*To be reduced*"（帰する）［中略］"*To be revenged*"（復讐する）［中略］"*To be met*"（=to meet unexpectedly or accidentally）.
>
> (Practical English Grammar)

> Idiomatic Transitive.— In Japanese, transitive verbs are rarely, if ever, used with impersonal subject. In English, on the contrary, transitive verbs are equally used with impersonal as well as personal subjects.
>
> *(Advanced English Lessons)*

　ちなみに後者の引用は、1901（明治34）年から1902（明治35）年にかけて刊行された*Advanced English Lessons*からのものであるが、そこでは‘impersonal subject’をめぐる両語の相違を示す例として、‘The wind shook the house.’（「風で家が揺れた」）, ‘The fire destroyed many houses.’（「其火事にて多くの家が焼けた」）, ‘What has brought you here?’などが列挙された。

　その後、この知見を普及させるうえで大きな役割を果たしたと思われるのが、弟子の山崎貞による『自修英文典』である。というのも、そのなかでは「英語では無生物を行為者として他動詞の主語とする事が多い」ことが明記されていたからである（ちなみに、現代の「無生物主語」に通じる「無生物」という言葉じたいは、すでに1894［明治27］年の『日本英学新誌』でも用いられていたことが知られている。そこでは「日本語にては［中略］active verbの主格として無生物の名を用うることを殆んど容るさざるなり」と言及されていた［伊藤裕道「「無生物主語の構文」の史的検討──英語教育の視点から」］）。

　また、長らく日本人学習者を悩ませてきた「時制の一致」についても、次のように注意が喚起された。

> The Past Tense in the Principal Clause must not be followed by the Present Tense in such sentences as the following.
> I *said* that I *did not know* him.（知らぬと云た）
> I *did not know* that he *was* our new principal.（校長であると云ことを知らなんだ）
> I *asked* what he *wanted*.（何用であるかと問うた）
> He *ran* away as soon as he *saw* me.（見るや否や）
>
> *(Practical English Grammar)*

　つまり英語においては日本語と比べ、主節動詞と従属節動詞とのあいだにおける「時制の一致」の適用が頻繁に行われるというのである。

　さらに、「数」を示す形容詞についても、斎藤は下記のような観察を示している。

"Many" and *"few"* are always translated as the Predicate.

Many Japanese study English.（日本人に英語を学ぶものが<u>多い</u>）

Few Japanese study Italian.（日本人に伊太利語を学ぶものは<u>少ない</u>）

（Practical English Grammar）

　つまり英語においては名詞を修飾する形容詞として言語化される内容が、日本語においては述語として言語化されるというのである（例：*Some fish* can fly. =「翻ぶことの出来る魚が<u>ある</u>」、*No man* is without enemies. =「何人にても敵なき人はなし」）。

　このほかにも、英語では形容詞や名詞句を用いて表現される内容が、日本語では副詞や動詞句を用いて表現される場合があることが注目された（例：There was *another shock* just now. =「今又揺りました」、*The first man that came*. =「最初に来りし人」）。

6.12　斎藤秀三郎とブリンクリー

　ただしここで想起されるべきは、上述した卓見の多くがすでに斎藤の師であるブリンクリーによって指摘されたものであったということである（第４章参照）。

　このことから斎藤へ及ぼしたブリンクリーの影響が推測されるが、厳密にいえば、これを歴史学的に証明することは不可能である。しかし、今のところ筆者は、ブリンクリーが斎藤へ与えた影響の可能性はきわめて高いものであると考えている。

　というのも、すでに紹介した、両者のあいだにおける長年にわたる親交、そして何よりも、斎藤がブリンクリーの学識に深く敬服していたことを考えれば、彼がブリンクリーの『語学独案内』を読んでいなかったとは考え

にくいからである。

　さらに、斎藤が『語学独案内』にかなり早い時点で接していたことを示唆する史料が存在することも付言しておきたい。それは、彼らが出会った工部大学校の附属図書館でまとめられた書籍目録であり、現在、筆者の手元には 1876（明治 9）年版、1878（明治 11）年販、1880（明治 13）年版の 3 部が存在する。そして、そのいずれにおいても『語学独案内』が数十部所蔵されていたことが明記されているのである。

　なかでも注目されるのが、斎藤が同校に入学した 1880 年の版であり、そこには『語学独案内』が 47 部、しかも授業用のテキスト（'CLASS BOOKS'）として所蔵されていたことが記録されている（工部大学校 *Catalogue of books, contained in the Library of the Imperial College of Engineering, (Kobu-Dai-Gakko), Tokei* 1880 年）。

　じつは、斎藤は工部大学校入学後から、同校所蔵の書籍を読みつくしたといわれるほどの勉励ぶりを見せたことが知られている（大村喜吉『斎藤秀三郎伝──その生涯と業績』）。よってこのことから、彼がこの時期に『語学独案内』に接していた可能性が否定できないということになる。

　かりに斎藤がブリンクリーの影響を受けていたとすれば、前者により一応の完成をもたらされたとされる「学習英文法」（さらには、日本語の慣用語法と英語のそれとをつきあわせるイディオモロジー）の背後には、ブリンクリーの著作と思想が存在していたことになる。これは同時に、すでに第 4 章で紹介した後者の英文法教育思想が重要な歴史的意義を帯びてくることをも意味する。

　先述したように、ブリンクリーは、その著作を通じて舶来の英文法書の内容を劇的に改変し、その後の「作り変え」の方向性を決定づけるという歴史的役割を担った。そして、この方向性はディクソンをはじめとする明治中期の文法書を経由して、斎藤によって発展的に継承されることになる。

　そして、その後まもなくして、斎藤の文法体系が弟子の山崎貞らにより巧みに簡約・翻訳されたことで、日本人は、かつてブリンクリーが志した国家的自立はおろか、もはや帝国と化した（例：韓国併合［1910］）日本の言語空間において国産化された、独自の文法体系を持つにいたったといえるのである。

第3部

「学習英文法」はいかに意味づけられたか

岡倉由三郎 『英語教育』

第7章　英文法の学習・教授法小史
——幕末〜明治 40 年代

7.1　2人の英語教師の嘆き

　「英学」の終焉がすでに広く認識されていた
大正時代の初期、当時の英語をめぐる状況につ
いて2人の英語教師が興味深い観察を行ってい
る。1人は東京府立第四中学校教諭の落合儀郎、
もう1人は第二高等学校教授の粟野健次郎であ
る。

　両者はいずれも当時のメディアで活発に発言
するタイプの人間ではなかった。むしろ彼らは
それとは積極的に距離をとっていた感がある。
とくに後者の粟野は、どこか隠者のような雰囲
気を漂わせる、旧制高校的な知の巨人であった

図 7-1　粟野健次郎

（高橋英夫『偉大なる暗闇——師 岩元禎と弟子たち』、
西田耕三『評伝 粟野健次郎』）。まずは彼らの声を聞いてみよう。

【落合儀郎】
　…教授法と云えば、英語程にも進みたるものは少かるべし。学科が学科、
新しき学問なる丈け教授法に於ても新しき方法を用うるに、比較的遠慮
無用なり。而して一方には外国の教師が大胆なる教授法を盛に唱導する
により英語の教授法は、恰も、枯野にマッチを落したるが如し、炎々
蓬々として日本全国に広がるなり。

　…英語教授の改進を喜ぶと同時に、又、私に悲むべきことは、英語教師
の立脚点が降下したることなり。昔は語学者は同時に思想界の先覚者な
りき、福沢先生然り、中村先生然り、其の外の先輩も、多くは一代の先
駆者なりき。二三の例外を除き、今の多くの英語学者は然らざるなり、
西洋の小説も読む評論も読む新聞も読む、併し其の読むと云う才能の外

126

には、人類社会に対して何等の貢献を為しつつある。即ち船人の手にある水棹と同じく、英語は学者の手にある世渡り棹なるか。

…教授法は教育の大局より見れば末枝の話なり。英語教授法に於ても然るなり、世の中て［ママ］余り仰山らしく教授法を口にすれば、教授法が即ち英語教師の全資格の観あり、併し実際に照して見れば必しも然らざるなり生徒の心は一片の道理で解釈するには余りに複雑なりされば思わぬ所に思わぬ影響あり、教師の感化は一方面に放射する探海燈にあらずして四方八方に光明の差し出る日輪なり。

…英語教師の考うべき問題は、豈《あに》教授法のみならんや。曰く中等の教課に於ける英語の関係的地位。曰く英語教授が日本固有の道徳に及ぼす影響、曰く今後英語教師の採るべき態度、──当今の英語界を通観すれば、多くは、分解的なり、顕微鏡的なり、何すれぞ総合的態度に出づる人少き。

（落合儀郎「鞭影」『中等教育』1913年）

【粟野健次郎】

…英学者が本を読む事にのみ熱中し、満足して居る時代は既に過ぎた、今は盛んに書き、自由に饒舌らねばならぬ時代である。と Practical English を極力推奨される方が多くなった様ですが、是れは時代の風潮や要求から来たものであって、一面から見れば道理のある傾聴に値する議論である。だが、其の根底たる標準の見地が、一方に偏して居るので、吾々は何人にも是れを推薦し、実行せしめる事は、物質的の方面は暫く措き、精神的に即ち一個の「人」を造る上から考えると、甚だ危険な様に思われ如何程物質的方面からの要求あるにしても、躊躇せざるを得ません。吾々は富を作り、そして社会上の強者に対抗し、物質の上に強くなって行く事が如何に必要であるかは寧ろ神経的な程承知はして居るが、それより先きに「一個の人間」を造って行く事が尚お大切な、そして貴重で崇高な事であるまいかと思います。夫れにも拘《かか》わらず、世の総てをただ、実用々々と右から左に利用化されるような、卑近浅薄な実用主義によってのみ導いてゆこうとするのは、英語を学ぶ根本儀を遺忘した誤れる、そして危険な議論の様に思われます。

（澁谷新平編『英語の学び方』1918年）

　以上を読むと、落合と粟野がともに教養や人間形成、あるいは総合知を志向する立場に立っていたことがわかる。すなわち彼らは、英語をそれじたいとして個別的に捉えることなく、価値や思想の次元と連結させて主体的な生き方を模索するタイプの人間であったということである。

　彼らの観察によれば、当時においては従来の「英学者」とは明らかにその性質を異とする人間たちの存在が際立っていたという。それは、英語を価値や生き方の次元から切り離し、小手先の専門技術として自己目的化したうえで、即時的実用を求める殖産興業主義や、最新の舶来教授法理論の流行に便乗することを厭わない人間たちである。

　そもそも初代の「英学者」たちが上記の「英語屋」的なアーティザンでは決してなかったこと、また、こうした英語屋的・専門学者的無思想性がアジア・太平洋戦争期を経て現代にまで引き継がれていることを考えると（中野好夫「直言する」『英語青年』1942〜43年、宮崎芳三『太平洋戦争と英文学者』、中村敬『私説英語教育論』、『外国語教育とイデオロギー——反＝英語教育論』）、「英学」を引き継いだ者たちの世代にいったい何が起こっていたのか大変に気になるところである。

　第3部ではこうした問題意識にもとづき、主として「英学」が終焉した時期である明治時代の後期に焦点を合わせ、新しいタイプの英語関係者たちが好んだとされる「教授法」や「実用英語」が英文法を直撃する様子を見ていくことにする。そして最終的に、これに伴う混乱のさなかに誕生した「英語教育」という枠組みのなかに、英文法がどのように位置づけられるのかを明らかにする。

7.2 「英学」を支えた私塾

　「英語教師の立脚点が降下した」ことを憂慮した落合儀郎は、かつての「英学」の先導者として福沢諭吉や中村正直（敬宇）の名前をあげている。両者はそれぞれ慶應義塾と同人社という私塾の主宰者であったことはよく知られている。

　これらのほかにも、例えば東京でいえば箕作秋坪や尺振八、近藤真琴らの塾も有名であったが、じつは明治の「英学」をけん引したのはこれらの

私塾であった。

　その理由としては、官立の近代的な「学校」の整備が比較的遅れていた
ことがあげられる。1872（明治5）年の「学制」の発布以来、「国民」の
「皆学」が打ち出されるも、平民層のあいだでは依然として「庶民に教育
はいらない」といったエトスが支配的であり、その就学率は当初大変に低
いものであった。

　同じことは中等教育機関についてもあてはまり、野田義夫の言葉を借り
れば、「学制の頒布は教育の普及と統一とを目的としたりと雖も当時系統
的の教育制度は全く我邦に振古未曽有の新事業なるを以て社会一般に未だ
中学の何物たるを知らず」とされるような状態であった（野田義夫『明治教
育史』1907年）。

　しかもそれを担う肝心の教師陣すら、その安定的な供給基盤は皆無に等
しく、恒常的な教員不足に悩まされる始末であった。よって、「已むを得
ずして従来の漢学者或は変則に英学を修めたる者を聘用して一時の急を彌
縫」したことから、「多数の中学に於ては其教うる所は、漢学、英学、数
学の範囲を出づるもの極めて稀」とされる状況が生まれたのである（同上）。

　こうしたなか、少なくとも明治中期にいたるまで、英語教師の主要な供
給源となったのが前出の慶應義塾であった。そして、この種の私塾は多く
の場合、維新に伴い没落した士族によって営まれていたこともあり、そこ
では旧来の藩校式教育法が踏襲されていた。

　同時期の官立教育機関や外国人（宣教師）たちの塾で行われた英語イマ
ージョン教育は、全体としてみれば少数派であり、少なくとも明治中期ま
での「英学」の主流は、従来の「蘭学」や「漢学」と同様、前近代的な学
習形態のもとに置かれていたのである。

7.3　慶應義塾における読書法

　1869（明治2）年の「慶應義塾新議」という資料には、同塾の「英学」
の手法が次のように記されている。

> 一、義塾読書の順序は大略左の如し。
>
> 　社中に入り、先ず西洋のいろはを覚え、理学初歩か、または文法書を読む。この間、三ヶ月を費す。
>
> 　三ヶ月終りて、地理書または窮理書一冊を読む。この間、六ヶ月を費す。
>
> 　六ヶ月終りて、歴史一冊を読む。この間、また、六ヶ月を費す。
>
> 　右いずれも素読の教を受く。これにてたいてい洋書を読む味も分り、字引を用い先進の人へ不審を聞けば、めいめい思々の書をも試みに読むべく、むつかしき書の講義を聞きても、ずいぶんその意味を解すべし。まずこれを独学の手始とす。かつまた会読は入社後三、四ヶ月にて始む。これにて大いに読書の力を増すべし。　　　　　　（山住正己編『福沢諭吉教育論集』）

　これを読むと、江戸期の漢文訓読以来の「素読」や「会読」といった手法が、そのまま「洋書を読む」作業にも転用されていたことがわかる。

　くわえて、義塾に集う学者たちの「独学」が想定されていたことも注目される。従来の漢学塾由来の学風を継承していたこの種の私塾では、学習者の側における旺盛な自発性と自学自習主義が前提されていた（辻本雅史『「学び」の復権──模倣と習熟』）。

　したがって当時の教える側の者たちの意識のなかには、学習者をいかに

図 7-2　福澤諭吉と慶應義塾塾生（1887 年）（2 列目の右から 5 番目が福沢諭吉）

教えるかといった発想が基本的に存在せず、こうした私塾の雰囲気につい
て町田則文は次のように回想している。

　　私塾に於て学習する方法というものも、生徒に対する教授時間は、
　一日二時間もしくは三時間で、他は皆生徒の自習に任せた。今日の如
　く五六時間も引続き教場に出て授業を受けるなどということは、毛頭
　なかったのである。加之この僅々二三時の授業すらも、強いて生徒に
　　　しかのみならず
　課するのではなく、全く生徒の随意とし、教場に出席するもせぬも塾
　の方では与かり知らぬのである。[中略] 寄宿舎の内も、今日の如く自
　修室寝室などと区別してあるのはなく、何もかも皆一つであった。教
　場でさえも今日の如く厳然たる区画を立て、一組一教場などという様
　に整然たる設備をなしては居らず、塾によっては、一つの大広間の此
　処彼処に部落をなし教師を取り囲みて坐し授業を受けて居た。此等の
　状況は今日からは想像にも及は [ママ] ぬことである。大概一私塾多き
　は三百人少くも百人位の生徒を持って居た。けれどもいずれの塾でも、
　始から卒業まで修業して居るものは少なく、多くは甲の塾から乙の塾
　へ転々渡ってあるく、いわば渡り書生の風であった。それもその筈な
　ので、卒業したからとて卒業証書を授与するでもなく、唯一定の年限
　を経過すれば、自然卒業したということになるのであるから、別にむ
　　　　　　　　　　　　　　いわ
　つかしい吟味はいらぬのである。況んや修業年限を定めぬ塾さえ多
　かったのであるから、かような有様に立至るのは当然である。その修
　業年限を定めぬというのは、甲の書を終えれば乙の書を始めるという
　様な塩梅で、進んでゆくのであるから、一生涯でも修業すれば出来る
　のである。之を要するに教うる所の学科目は、泰西の新学科目である
　けれども、修業の方法、塾中の規則等に至っては、依然として旧漢学
　塾と異なることはなかったのである。

　　　　　　　　（町田則文「三十年前の英学私塾及び学生」『教育時論』1902 年）

7.4　「素読」と「会読」

　近代的な「学校」のそれとは異なる原理のうえに成立していた英学私塾

では、「素読」と「会読」と呼ばれる読書法が実践されていた。

　「素読」とは、主に初学者に対して課せられたものであり、基本的に与えられた文章の意味には頓着せず、ひたすらそれを暗唱しながらその言語的なリズムや響きを体得していく作業のことを指していた。

　このとき、英語の発音にほとんど注意が払われなかったことはよく知られている。例えば慶應義塾で学んだ後藤牧太の回想によれば、「英語の発音は、所謂変則流というのでありまして、後には追々と改まって来ましたが、始めのうちは、人々銘々に発音が違って居ると云う有様」であったという（後藤牧太「三十年前の慶應義塾」『教育時論』1902年）。

　一連の「素読」が終わると、つぎは「会読」の課程に入る。この「会読」とは、幾人かの書生が1か所に集まり、ある書物の内容をめぐって議論する共同学習方式のことを指していた。

　「会読」を取り仕切るのは「会頭」とよばれる上級者であり、彼は仲間たちの白熱した議論を聞きながら解釈の正否を判定する。正しい解釈をした者には白点、誤った解釈をした者には黒点がつけられ、そこでの成績は容赦なく塾内における彼らの待遇の格差として反映された。

　このような手法はもとはといえば江戸期の儒者・荻生徂徠（1666～1728）によってはじめられたものであり、その趣旨は中国の聖賢たちの言葉を記した書物の内容を正確に読解することであった。

　したがって「会読」の際には、文字の一字一句にいたるまで忽せにしない徹底した章句穿鑿主義がとられることになった（前田勉『江戸の読書会――会読の思想史』）。これは、同様の目的を有していた「英学」とも親和的であった。

7.5　文法理論偏重型の学習法

　「素読」や「会読」といった手法で読破されていく書物のなかには、それじたい英書解読の手段として受容されるべき英文法の知識を盛り込んだ原書も含まれていた。

　この原書の購読を実際に体験した者の1人が、のちの経済学者で早稲田大学学長をも務める平沼淑郎であった。彼は箕作秋坪の塾に入り、ピネオ

132

の文法書（第2部第4章参照）を「会読」したとい
う。その際の音読の「発音は甚だ覚束ないので
あった」が、「意義の解釈には師弟共に渾身の
力を入れて、微細の点も軽々看過しなかった」
という（平沼淑郎「鶴峯漫談——四 幼時修学時代の
巻（続）」『早稲田学報』1930年）。

図7-3　平沼淑郎

　これほどまで精密に文法書が解読されていた
ということは、必然的にそれに盛り込まれてい
た内容が、彼らの文法観やその後の教育法に少
なからぬ影響を及ぼしていたことは想像に難く
ない。

　それでは、そもそも当時の文法書の内容がどのようなものであったのか
というと、そのほとんどが文法の理論的側面に特化したものであった（第
2部参照）。そこでは規範的な英文を操るための抽象的な形式規則群や、関
連する文法用語と定義が演繹的に論じられていたのである。

　そして、こうした内容がかつての「聖賢の書」に対して用いられた読書
法を介して受容されることで、学者たちのあいだにはおのずと文法を文法
として理論的に捉える態度が醸成さ
れていくことになった。

　例えば幕末の蕃書調所で学んでい
た菊池大麓は、「例えば茲に「アイ、
エム」という字がある、そうすると
其「エム」と云う動詞に付いて総て
の変化を聞く、此不定法は何である
か、半過去の二人称の単数は何んで
あるかというような風に一々問をか
けるというやり方でありました」と
回想している（田所美治編『菊池前文相
演述九十九集』1903年）。

　また、慶應義塾で学び、後に国民
英学会の設立者となる磯辺彌一郎も、

図7-4　国民英学会

「文典書といいますとあの「ピネオ」の文法書ですあれを冒頭から一字も残らず暗誦をさせられました」と述べたことが記録されているほか（「英学者苦心談（六）――磯辺彌一郎君」『中学世界』1903年）、同様の舶来文法書を学んでいた畔柳都太郎（1871 ～ 1923）や熊本謙二郎（1867 ～ 1938）も、「Swinton's Grammarの如き米国人の読むように作ったものを暗唱するように無暗につめ込んだ」（「雑録」『英語青年』1905年）、「カッケンボスの小文法書を教えられたがWhat is a noun? Noun is a …といった風に、定義などを無暗に暗誦した」と回想していたことが記録されている（一記者「名家歴訪録 第一 学習院教授 熊本謙二郎先生」『英語の日本』1910年）。

7.6 広く行われたパーシング

当時の理論偏重型ともいえる学習に一層の拍車をかけたのが、「パーシング」（Parsing）であった。

一般に「文の解剖」として知られるこのトレーニングは、幕末の『英吉利文典』以降、明治中期にいたるまでのほぼすべての舶来英文法書のなかに練習問題として盛り込まれていたものである。

そこではまず、1つの具体的な英文が与えられたうえで、これを構成する一語一語について、既習事項にもとづき、その文法カテゴリーや文法関係を指摘させる方式がとられていた。

例えば前出の平沼が学んでいたピネオの文法書では、'William loves study.' の 'William' について、'William is a *noun*, &c.; *proper*, &c.; *third person* &c.; *mas. gen.*, &c.; *sing. num.*, &c.; *nom. case*, because it is the name of the agent, and *nom.* to loves.' と細かく解析することが求められた。

同様に 'He loves his friends' の 'loves' についても、'a *verb*, expresses action; *transitive* the action passes over to the object, (*friends*); *ind. mode*, declares a thing; *present tense*, denotes present time; 3d *per. sing.*, to agree with its nominative *he*' と解析することが求められた。

この類の練習は、先述した漢学由来の章句穿鑿主義の伝統とも親和的であったこともあり、少なくとも明治20年代の後期にいたるまで各地の英語授業や試験問題等で実践された（松村幹男『明治期英語教育研究』）。

　例えば、第2部第5章で紹介した菅沼岩蔵も、1894（明治27）年に公刊した自らの初学者向け教科書のなかで、「早くより言葉の解剖をなさしむ」ことが、「生徒の理解をして明瞭ならしめ其の知識をして確固ならしむるに最良の方便」としている（*Primary English Grammar for Japanese Students* [『初等英文典』] 第13版、1899年）。

7.7　「学」から「教」への転換

　しかし菅沼が示した考え方は、当時においてはもはや時代遅れのものとなりつつあったことは否めない。なぜなら旧（舶）来のパーシングを実践していた菅沼自身、静岡県尋常中学校という「学校」の「英語教師」であったことからもわかるように、当時においては英語そのものをめぐる重大な歴史的変化が起こっていたからである。

　すなわち従来のごとく、英語が少数の国士的「英学者」たちの主体的な学問の手段であった時代が終わりを告げ、かわりに日本の近代化に伴い激増した「学校」という空間において（ただし義務教育機関ではない）、それじたいが受動的な「教授」の対象となる「英語教授」の時代が到来していたのである。

　後に「英語教授」と区別して「英語教育」を創出する岡倉由三郎も、このような時代の変化を見抜いていた。彼によれば、かつて「大小擲って一管のペンに、国家の安危を宿したる志士の面々、さながら戦陣に臨みたらん意気込すさまじく、読み習う横文字の巻々、学習の方便も当時は甚だ不備なりしを、血を吐く思して、一心不乱の精力を注ぎ、倒れて後止まむ覚悟」を持った者たちが姿を消し、かわりに「別に英語に興味があるから学ぶと言うのでは無く、学科の一であって、最も重きを置かれて居るとの考から学ぶというだけ」の「平時安穏の青年」たちが顕在化したというのである（岡倉由三郎『英語教育』1911年）。

　こうなるとかつての少数精鋭主義や自学自習主義は通用しなくなり、かわりに「教師」たちが生徒の状態に配慮しつつ、効率的に英語そのものを「教授」するための「教授法」を実践することが求められるようになる。

　さらにこうした技巧主義化に一層の拍車をかけたのが、英語の「教授

法」そのものが社会問題化したことであった。それは明治30年代から40
年代にかけてピークを迎えていたといってよい。

　なぜなら先述した「英学」の終焉に伴う教育や学問の邦語主義化、およ
びこれと連動した英語学習目的の不透明化に伴い、学生の英語力が著しく
低下したことが社会的に認識されるようになったからである。

　そして、ここから生じた不満は、やがて「学校」の「教師」たちにおけ
る一層の「教授法」の改善を求める動きへとつながっていった。1901（明
治34）年の『教育時論』に掲載された以下の論説は、まさにその典型で
ある。

　　我国民の外国語の智識に欠如せるは、通商、貿易、学問、交際上、
　実に憂慮すべき欠点にして、殊に近年帝国大学、及其他高等学校卒業
　生の外国語の力、頗る幼稚実用に適せず、一葉の外国新聞を読み、一
　通の外国文書翰を認むるも、苦痛惨憺、尚且つ外国商館の小僧にだも
　及ばざる者あるは、外国語教授上、決して看過すべからざる現象にし
　て、学科の繁多、学生の不勉強等其原因の一部分たるは疑なしと雖、
　畢竟外国語教授の方法不完全なるが故ならずんばあらず。是に於てか
　近来外国語教授法につき、種々意見を有するものあり、時に其意見を
　発表して天下に問うものなきにあらずと雖、尚混沌迷離の中に在り、
　未だ一定の方法に依り、頗る容易に外国語を教授し、学生をして容易
　自在に之を使用せしめ得るものに至りては、未だ殆んど之れあるを見
　ず、其学生の教育上に損害を与うるの少からざる、決して之を等閑に
　附すべからず、文部当局者は勿論実際外国語教授に従事するものは、
　此際大に深く注意講究するところなかるべからず。

　　　　　　　（「外国語教授法改革の急要」『教育時論』1901 年）

7.8　相次ぐ「英語教授法」書の出現

　『教育時論』に促されるまでもなく、じつは「外国語教授に従事するも
の」たちのあいだでは、「英語教授法」について「深く注意講究」する動
きがすでに起きていた。

図 7-5　マーセル著・吉田直太郎訳『外国語研究法』

　例えば明治 20 年代には、マーセル著・吉田直太郎訳『外国語研究法』
（1887）を皮切りに、崎山元吉『外国語教授法改良説』（1893）、岡倉由三郎
『外国語教授新論』（1894）、重野健造『英語教授法改良案』（1896）などの
著作が公にされていたのである。

　明治 30 年代に入っても、外山正一『英語教授法』（1897）をはじめ、岸
本能武太『中学教育に於ける英語科』（1902）、佐藤顯理『英語研究法』
（1902）、高橋五郎『最新英語教習法』（1903）などの著作が刊行された。

　これらの著作の影響もあり、従来の「英学」で行われた訳読専一・音声
軽視の「変則英語」は積極的な見直しの対象となった。そして、かわりに
オーラル面を重視した「正則英語」、さらには作文や会話、読解などを統
合した「教授」法が奨励されるようになった。

　さらにこうした目的に見合う「教授法」の理論も、ヨーロッパから盛ん
に輸入された。こうした一連の過程を経ることで、当時の「教師」たちの
あいだでは英語が技巧的に消費される傾向が加速することになる。そして
従来の「英学者」とは異なり、英語それじたいの教え方や学び方に熱心な
「英語の先生」たちが生まれたのである。

7.9　英文法「教授法」改革の動き

　英文法についてもこうした情勢の例外ではあり得ず、新しい時代に見合う「教授法」のあり方が模索された。

　当時における改革の方向性をよく示しているのが、1898（明治31）年の『青年』に掲載された 'English Grammar and Composition in Middle Schools' と題する論説である。

　We are not inclined to place much confidence in the use of grammars, such as furnished to students in ordinary middle schools, and those textbooks such as are commonly employed in those institutions. The ordinary method of teaching English grammar is, we are speaking here of the English lesson alone, to provide elementary text-books to students of the third year class, and subsequently advanced books, as Swinton's, Brown's, etc., to those of the 4th and 5th year classes. The method generally adopted or rather blindly followed by most of the so-called teachers, appears to us entirely devoid of use, much more of interest. The poor students are simply ordered to cram or hurry through the rules and so forth almost without any practical application. Grammars are treated by those teachers just like ordinary readers or other books for reading. The greater part of the power of comprehension is absorbed in deciphering the meaning of the passages, for it is of course beyond any hope that the students should grasp clearly the significance of the passages and to apply it to practical uses.

（'English Grammar and Composition in Middle Schools' 『青年』1898年）

　ここで述べられていることを要約すると、スウィントンやブラウンに象徴される舶来英文法書を用いて文法が文法として教えられているため、その知識を実地に応用する機会がないということである。そして、話題は今後の改善策へと移る。

Such a mode of teaching grammatical axioms and propositions should be done away with and a more practical method adopted. In fact we do not see any reason or use why boys should be served with an advanced Swinton or Brown after they have gone through three or four year's study of English in the ordinary middle schools. Instead we would recommend that the boys should be taught at first only the rudimentary principles of grammar, and these taught not with the use of text books, but by showing them how to compose simple sentences. After they have mastered in this way the rudimentary principles they might be made to go through the course of an elementary text book. That would be enough for ordinary purposes. It is mere waste of time and labour to impose the lesson of an advanced text book on grammar as is done at present. The main reason why such a faulty method is being blindly followed at the middle schools, seems to be, because teachers themselves are not much experienced, or do not possess sufficient knowledge of practical English as to teach grammar through exercises on simple composition. Want of suitable books on practical composition as adapted to the requirements of Japanese boys may be considered another cause. Under the circumstance, we heartily welcome the publication of "Practical English Grammar" by Mr. Saito, of the 1st Higher School (Tokyo). Mr. Saito has published "English Conversation Grammar" compiled on the principle we have discussed above. The present work is intended to supply an advanced course in the same line, and is to consist of 3 vols. of which the 1st lies before us. We might perhaps wish to see the work in a handier, or rather cheaper, form. We look for the speedier appearance of the remaining two volumes.

(同上)

　つまり作文等の実地の練習と連動させた、新しい「教授法」が行われるべきであり、その際に有用なのが斎藤秀三郎の著作であるというのである。ここで斎藤の英文法が、従来に比べて 'Practical' なものになっており、このことが彼の文法書の影響を増大させる要因となっていたことをあらためて想起しておきたい（第2部第6章参照）。

図7-6　斎藤秀三郎 *English Conversation-Grammar*

7.10　唱導される帰納的「教授法」

　上掲の論説により言及された *English Conversation-Grammar*（1893）の
なかで、斎藤は文法が 'not as an end itself, but simply as a means of
regulating the expression of thought in language' として扱われることを説
いていたが、文法をこうして相対化しつつ、実際の英文と関連させて帰納
的に「教授」していく方法は、明治30年代以降の代表的な論者のあいだ
でも一致して見られた考え方であった。

　例えば同時期の「正則英語」論者であった神田乃武はまず、'regular
grammar study has no place as such.' としたうえで、'The student is expected
to speak and write grammatically by habit and imitation, the teacher
imparting to him such grammatical knowledge throughout the course as he
sees fit.' と主張していた（神田乃武 'English in Middle Schools'『太陽』1896年）。

　同様に、前出の外山正一や岸本能武太、佐藤顕理もそれぞれ、「文法も。
大体は読本の文章上にて実地的に教授すべきなり」（外山正一『英語教授法』
1897年）、「文法は学生が帰納的に自ら規則を発見し得る様に教えざるべか

らず」（岸本能武太『中学教育に於ける英語科』1902年）、「凡そ英文を学ばんとする者は初より文法書に泥む事なく、文章の側より入る事を力むべし」（佐藤顯理『英語研究法』1902年）と口をそろえていた。

　したがって、上記の考え方とは相容れない従来のパーシングが、次第に打ち捨てられていくようになることは自然の成り行きであった。事実、当時矢継ぎ早に文法教科書を公にしていた斎藤秀三郎も、これを排除している。

7.11　制度化された帰納的「教授法」

　明治40年代に入ると、帰納的な文法「教授法」に向けた流れはもはや押し戻すことのできない性質のものとなっていった。

　折しも1907（明治40）年、当時の「教授法」問題に対応すべく、文部省内に「中等学校英語教授法調査委員会」が設置された。ここには当時東京高等師範学校教授であった岡倉由三郎をはじめ、新渡戸稲造（第一高等学校）、神田乃武（学習院）、浅田栄次（東京外国語学校）、中西保人（東京府立第一中学校）、篠田錦策（東京高等師範学校）らが委員として名を連ねた。そして彼らには、中等学校の「英語教授法」を調査・研究のうえ、その改善策を示すことが求められたのである。

　その答申が発表されたのが2年後の1909（明治42）年であり、それは「中等学校ニ於ケル英語教授法調査委員報告」として『官報』に掲載された。このなかで文法については次のように規定された。

　一　文法は先づ一般普通の法則に熟達せしむるを主とし細則除外例等を授くるは成るへく之を後にすへし
　二　文法の教授は文法として一定の形式又は用語に拘泥することなく必す言方、読方、書方と関連して既に授けたる材料に基き其中に存する法則を会得せしむるを主とすへし

（「中等学校ニ於ケル英語教授法調査委員報告」『官報』1909年）

　ここから、他技能と連動させた帰納的「教授法」が奨励されていること

がわかる。

　結局、この方針は1911（明治44）年発布の「改正中学校教授要目」にも反映されることになった。例えば3学年と4学年の授業においては、「成るべく既習の材料に基きて文法に関する一般普通の法則を授く」ことが奨励されたのである。

　こうして明治中期以降本格化した、文法の相対化路線はついに全国中学校の範型となって各地に布達されることになった。

第8章 英文法排撃論の興隆
——明治 30 〜 40 年代

8.1 熱を帯びる英語「教授」・学習論

　前章で見た英文法の「教授法」をめぐる一連の動きは、「英学」の終焉に伴う学生の英語力低下や、「英語教授」の効率性が社会問題化していたことと連動していたことはすでに述べた通りである。

　これを示すように例えば1902（明治35）年、当時国内最大規模の教育系職能集団であった帝国教育会において、「英語教授法研究部」が設置された。また、この前年には、幼児の言語習得をモデルとするグアン・メソッドの唱導者であるハワード・スワン（Howard Swan）が来日している。

　当時の新聞や雑誌メディアでも、「何んでも今の中学校あたりの語学教授法を根本から改正しなければ迚も駄目だ」（「閑々録」『東京朝日新聞』1902年）、「今日の英語教授は全然失敗ではないかと思う」（安部磯雄「中学制度と英語教授」『太陽』1906年）、「中学卒業生が英語の修養に乏しという苦情は、あらゆる高等学校教授の声なり、高等学校の卒業生が外国語の修養に乏しとは、あらゆる大学教授の声なり、而して又、新学士連が一般に外国語の理解力に乏しとは、あらゆる学者社会の称説する所なり」（「英語教授法問題」『教育界』1907年）などといわれた。

　こうした問題に対処すべく、やがて数々の論者たちが続々とメディアに登場し、多種多様な英語「教授」・学習論を繰り広げた。そこでは自らの過去の経験を振り返る回顧談や、過去の成功例に学ぼうとする英語達人伝、最新の教授法理論を援用した新説紹介談、さらには「所謂教授法なるものの恩沢に与からざりし」、かつての「変則式の語学者に語学の堪能なるもの」を認めることから、「全然教授法を擲ち、旧式なる変則式則ち訳読式を唱導」する、"復古主義者"まで現れた（戸川秋骨「高等学校の英語問題に関して当局の一読を煩はす」『太陽』1907年）。

　強調しておきたいことは、彼らの議論がかなりヒートアップしていたことである。さらに、この種の話題はもとより誰もが気軽に一家言できる性

質のものであったから、倉崎仁一郎・大阪府茨木中学校教諭の言葉を借り
れば、「随筆的忠言に止まるもの多」かったことも否めない（倉崎仁一郎
「英語教授新論（一）」『教育時論』1907年）。

　むろん英文法についてもこうした情勢の例外ではなく、すでに紹介した
一連の帰納主義・相対化路線が進行するなかで、やがて英文法の意義その
ものに否定的な見解をあらわにする者たちが現れた。

　本章は、彼らの論調を英文法排撃論と呼ぶこととし、まずは当時のメ
ディア史料を用いながらその論点を整理する。

8.2　英文法排撃論の登場

　排撃の対象となる英文法の体系は、すでに見たように、「英学」から
「英語教授」時代への過渡期にあたる明治30年代、当時における「正則英
語」のニーズに応えようとする斎藤秀三郎によって大成されたものである
（第2部第6章参照）。

　さらに斎藤の主著の1つである *Practical English Grammar*（1898 ～ 99）
のタイトルが示すように、その内容はそれを学ぶ者たちが英語を正しく、
かつ 'Practical' に運用することを念頭に作られたものであった。つまりこ
こでは 'Practical' と 'English Grammar' は、ともに両立し得るものとして
想定されていたということである。

　しかし、これと期を同じくして、両者の結びつきに疑義を呈する動きも
起きていた。例えば1902（明治35）年の佐藤顯理『英語研究法』には以
下の言及が見られる。

> 　今日の中学教程にては五ヶ年間の学業を卒えたるものは文法書とし
> てはスイントンの大文法、訳読に於ては英国七大家詩文集アーヴィン
> グの『スケッチ、ブック』の類を一通りは学び了れる筈なれど実際上
> 英語を使用するの一段となりては曾て規則正しき教育を受けたる事な
> き商館のボーイ又はホテルのコック等に及ばざるは何ぞや
>
> （佐藤顯理『英語研究法』1902年）

「スイントン」の文法書に象徴される、高度で組織的な文法教育を受けたことのない「ボーイ」や「コック」の方が、「実際上英語を使用する」という点で「中学」の卒業生を凌駕しているというのである。つまりそこで行われている文法教授が、「実際」的な英語運用能力の向上に結びついていないということである。

このような「文法を学んでも実際に英語が使えるようにならない」といった類の不満と連動して、同時期には、文法が現実の英語運用の際に果たす役割を矮小化しようとする動きも存在していたようである。

例えば1902（明治35）年の『中外英字新聞』には「愛読生」なる読者から投書が寄せられているが、そこには「文法に拘泥すると英作文が書けぬ何人でも放胆にしてBrokenでもいいからどしどし書く方が善い」と説く人々の存在が指摘されていた（「はがき集」『中外英字新聞』1902年）。

同様の投書は同じ年の『青年』にも寄せられており、そこでも「文法に拘泥すると英文は書けず」との主張が「ある一派の人々」により唱えられていることが指摘されていた（「青年倶楽部」『青年』1902年）。

このような論調に影響されてか、やがて英文に対して行われる文法的な解析をめぐり、その意義や効用を疑問視する声も聞かれはじめる。

例えば1903（明治36）年の『青年』には「A. O. C.」なる筆名の読者から質問が寄せられているが、その内容は 'I wish him to become a scholar.' という英文の解析法にまつわるものであった。

すなわちこの読者によれば、この英文には2通りの解析法が存在するという。1つはhimを動詞wishの目的語とし、'to become a scholar' を補語とする方法、もう1つは 'him to become a scholar' 全体を動詞の目的語と見なす方法である。

このうえで、いったいこうした「問題を研究するが如き利益ありや小生は実用上に於ては毫も利益なしと存ず」との言葉でもって質問が締めくくられていた（「倶楽部」『青年』1903年）。

これに対し『青年』側は、この種の「問題に関する疑問の如きは貴説の如く何れとするも格別の差なく此の如き研究はgrammarianの仕事にして普通の者には何の益なきなり」と回答し、「A. O. C.」の疑念に賛意を表していた（同上）。

　同様の回答は、'The wisdom of Socrates' の 'wisdom'、あるいは 'The diligence of these students' の 'diligence' の種別、すなわちこれが抽象名詞か普通名詞かを問う質問に対しても行われ、『青年』はここでも「何れが文法上正確なるやは敢て深く問う所にあらず」と言明していた（「会読」『青年』1903年）。

　以上から、もともと抽象的で理論的なメタ言語として英文を演繹的に制御する文法と、その対象となる英語じたいの実際的な運用とのあいだにおける乖離があらためてクローズアップされていたことがわかる。

8.3　英文法と「小供・習慣」

　上記とならび、明治後半期における英文法排撃論のもう1つの論拠となったのが、幼児の言語習得であった。例えば1903（明治36）年の『中学世界』に寄稿した佐藤顯理は次のように述べている。

　　一体文法は理論より入るよりか習慣で覚える方が能く活用致します、例えば誰にしても、文法を小供に講釈して聴かせはしませぬが、何時の間にか口を利き始め、遂には思う儘を其国語で言顕わして、それで文法上の誤謬がないようになるのが何よりの証拠でしょう、又何処の国でも、文法の講義などは思いも寄らぬ人が八九分であるのに、言語文章何一つ差間（さしつかえ）なく遣って退け大した文法上の誤謬がないのも、亦習慣上から覚えた著るしい例証ではありますまいか

　　　　　　　（佐藤顯理「英文法瑣談（一）」『中学世界』1903年）

　つまり「理論」（文法）を介するよりも、「小供」のように「習慣」を通して学ぶ方がはるかに効果的であるというのである。先ほどの「文法に拘泥せずBrokenでもいいから」とならび、ここでも文法の抽象的な性質が問題とされていたことがわかる。

　後述するように、子どもを意識した英語学習論は、少なくとも大正初期にいたるまでつづけられることになる。例えば1906（明治39）年の『商業界』に寄稿した林義斯徒なる人物は、「全く己れの国語を忘れて、暫く（しばら）

稚児の昔に還り、其の稚児たりし当時日本語を学びし如く」学ぶことを重
視する立場から、「常往起臥、造次顛沛、外国語を以って考え、外国語を
以って書き、外国語を以って話すことに力むべし」と説いていた（林義斯
徒「外国語習熟の秘訣」『商業界』1906年）。

8.4　英文法をめぐる混乱

　当時における一連の排撃論に対しては、やがて英文法を擁護しようとす
る者たちのなかから、活発な反論活動が行われることになる（第9章参照）。
その結果、明治30年代から40年代にかけて、英文法に関する相異なる意
見が対立する状況が生まれることになった。

　これを示すように、1905（明治38）年の『英語青年』には、1人の読者
からの次のような困惑の声が寄せられている。「或る大家は英語の研究に
文典の大に必要なるを主張し又他の大家は英文は文典を学ぶものには書け
ずと、小生等只今羅針盤を失いし船の如し何れを取って善ろしきか御教を
乞う」と（「質疑応答」『英語青年』1905年）。

　しかし、こうした訴えにもかかわらず、その後においても英文法排撃論
が途絶えることはなかった。以下は1905年の『英語質問雑誌』による論
説、および1906年の『学生タイムス』に寄稿した西片学人なる人物の論
説である。

　英語を学ぶ上に文法を修めるという事は必要なる事には相違無いが
徒に文法書を読み之れを暗記したのみで少しも活用という事が出来ず
生半可文法の縄墨にのみ拘束されて却って語学研究上大なる障害を為
す事が珍らしくない記者は文法を文法書に依って皆さんが研究なさる
よりも見聞即ち実地に就て不知不識の間に会得せられん事を望むので
ある。上述の如く生半可文法書に拘泥する処から斯く言い斯く書いて
は所謂Brokenではありはせまいかというような懸念が始終付随して
臆病になる言う事も言う事が出来ず書く事も書けず何の役にも立たぬ
結果となるは往々あることで語学研究の上には此位恐るべき障害はあ
りません皆さんは常に大胆にBrokenであろうが何であろうがおめず

臆せず語の足らぬ処は手を振り足を挙げ或は目付口付きをしてでもよい此方の意を通ずるという目的を達しさいすれば夫れで足るのであるから遠慮会釈無くやりそうして其間に折に触れ時に臨みて文法を自得するというようにしたい。　　　　　　　（'Editorial'『英語質問雑誌』1905年）

　　一体今の教育法は、余りに文法を過重する弊があって、一も二も文法でやりますがあんなやり方では脳力を消耗する計りで、とても覚えられるものではないです。例令えば卓子の上と書くに、アバブでは不可ぬ、オン、ゼ、テーブル、でなければならぬとか、田舎へ行くという場合の前置詞は、インではよろしくない、インツーでなければならぬとか、そんな事を云われると却ってマゴツク計りで決して覚えられるものではない。斯ういうフレーズは文法を知らなくとも沢山読めば自然にオンゼテーブル、インツー、ゼ、カンツリーと出てくるものです。語学をやるのに理屈で覚えよう等とするのは最も拙劣な方法で、唯もう無暗に暗誦するのが一番捷径なのです

（西片学人「英語熟達の秘訣」『学生タイムス』1906年）

　いずれも文法が持つ理論的な性質、とりわけそれが実際の英語運用の際に及ぼす演繹的な制御機能に注目していることがわかる。そのうえで実地の習慣にもとづき、自然に習得することの有効性を説いている。
　一見するとこれらは、当時奨励されていた帰納的な「教授法」と同類のものであるように思われるが、じつは文法書や文法そのものの存在や意義を否定している点において両者は異なる。事実、先述した「改正中学校教授要目」（1911）のなかに、文法書の廃止を求める文言は盛り込まれていないのである。

8.5　窮地に立たされる英文法

　西片学人により「最も拙劣な方法」とまでいわれてしまった英文法であったが、その後においてもこの種の厳しい批判は行われたようである。
　例えば1909（明治42）年の『英語青年』には、「文法は何にもならない

文法のやまかしい人に限り英語が拙である文法書を見る位なら英字新聞の
雑報でも、暗記すべしだ、文法書は一切焼いて仕舞うがよい」との発言が、
前出の佐藤顯理により行われたことが記録されている（「片々録」『英語青年』
第 21 巻第 4 号、1909 年）。

　また、次章で見るように、英文法の総帥ともいうべき斎藤秀三郎への
（人格）攻撃も激しさを増していた。これに対処すべく、やがて門下生の
佐川春水が反論の急先鋒となるが、事態は泥仕合化していった。これを示
すように、佐川のもとには 1909（明治 42）年のある日、次のような脅迫
文が送られてきたという。「佐川 !!　此畜生 !!!　貴様は言わして置けば言い
度い事を云うな［中略］斎藤氏は何処までも文法一点張の学者だ」と（「五
月蠅」『英語の日本』1909 年）。

　明治も終わりに近づく 1911（明治 44）年の『英語倶楽部』においても、
以下のような否定的見解が打ち出されている。

　元より文法などにばかり拘泥すれば文は書けぬものに候子児が言葉
を学ぶには文法などには頓着致さず候然も労せずして数年の後には骨
を折って多額の金を費して研究した外国人よりも余程達者に会話を致
し候外国語を学ぶ秘訣（secret）は何故に斯々（かくかく）であるかなど理屈を窮
めず唯た何遍も同し事を繰り返し々々やることに候兎に角三四才の小
供を見れば外国語を修得する秘訣は明瞭に相成可申候

（閑人「唐人の寝言」『英語倶楽部』1911 年）

　文法に「拘泥」せず、「小供」のようにといった論拠じたい、当時にお
いては決して真新しいものではなかったが、上記の論説では、実用志向的
な「放胆」論と、「小供」の言語習得をモデルとする「自然」論がうまく
結合されるかたちで文法批判が組み立てられていることがわかる。つまり
身体上（「骨を折って」）、物質上（「多額の金」）、学習上（「理屈」）におけ
る負担を軽減できる点において親和的な両者が、その対極に位置する「文
法」を攻撃するという構図が見てとれるのである。

8.6　民間の英語産業の動き

　かりにこうした負担がすべて除却され得るものであるとすれば、日本人は「簡単に、安く、抽象的に考えることなく、自然に」英語を習得できることになる。

　じつはこうした（魅力的な）方法論は、当時の混乱に商機を見出す民間の英語産業の売り文句となっていた。例えば 1914（大正 3）年の『実業之日本』（1897 年創刊）には、以下の広告文が掲載されている。

「英語速達法の新発明　自然的教授法の驚くべき効果」

諸君！諸君にして若し英国に生れ英国に育ったとしたならば諸君は今日日本語を使う如く、英語を自由に使うことが出来たであろう。諸君が二三歳の英国人の子供が自由に英語を使うを見て諸君が数年間も英語習得に苦心して尚お此子供にさえ及ばざるを不思議と思わざるか諸君！英語に熟達することは諸君及び世人が従来考え来りし程困難なるものにあらず。旧来の英語教授法が全然間違い居りしなり。教える方も、習う方も、「英語はむつかしい」と始めより断定してかかるから無用の労多くして其効果あらわれざるなり。今新に発明されし英語速達法は諸君が英国に生れ英国に住する者と見てかの英国人の小児が英語に熟達する所謂自然的熟達法により通信を以て教授す。初学者にても本教授法により習得すれば短日月にして、日常の読書、作文、会話等は自由自在に英語を使用することを得るに至るべし詳細なる内容見本及校則は東京本郷区大学正門前大日本英語通信学校へ「ハガキ」で申込めば無代で送り来る筈

（『実業之日本』第 17 巻第 1 号、1914 年）

「大発明！英語速達法の効果」

諸君は何の為めに英語を学ぶか。英語で外国人と話をし、英語で手紙を書き英語の新聞雑誌がスラスラ読めるようになろうと思うて「英語」を学ぶのでしょう。併しこれ迄の英語独習法で諸君は外国人と話しが出来るようになったが〔ママ〕、英文の手紙を書き、英書がスラスラ読めるようになったが〔ママ〕。恐らくなれないでしょ。之れは教え方が悪いのです、独習法を誤っておるのです。諸君は『〔ママ〕すぐ役に立つ英語を学べ、

習った翌日から実地に応用の出来る英語を学べ。我が英語通信学校は新
発明の自然的英語速達法に依ってABCを知らない初学者にても独習し始
めて短日の間に実用英語に熟達せしめる、此不思議なような教授法は如
何なるものであるか、先づ「ハガキ」にて東京本郷区大学正門前大日本
英語通信学校（電下参弐壹〇番）へ申込めば見本規則を無代で送る。

（『実業之日本』第17巻第7号、1914年）

　彼らのいう「全然間違い居りし」「旧来の英語教授法」のなかに、英文
法が含まれていたことは想像に難くない。
　以上、明治30年代以降、少なくとも10年以上にわたりつづけられたと
思われる英文法排撃論を見てきたが、これをもたらした論拠じたいに注目
すれば、上述の期間を通じてその内容に目立った変化は生じていなかった
ことがわかる。
　その一因としては、これらの論説では、文法に本来備わる抽象的で理論
的な性質が注目されていたことがあげられるであろう。したがってこの種
の論拠にもとづく排撃論は、いつの時代においても表出し得るものである
ということになる。
　しかし、とりわけ先述したタイミングにおいてこれを促した要因として、
前出のハワード・スワンの来日に象徴
される、「ナチュラル・メソッド」の流
行が指摘されるべきであろう。事実、
先ほどの広告にあった「大日本英語通
信学校」の教材は、'The Natural Method
of Teaching English' と銘打たれていた。
　さらに、同じ業者が「実用英語に熟
達せしめる」ことを、当時の一般向け
経済雑誌である『実業之日本』の読者
にアピールしていたことからもうかが
えるように、当時の英文法排撃論の背
後には、同時期にその社会的ヘゲモ
ニーを著しく増大させていた実業界の

図8-1　『実業之日本』創刊号

図8-2　日本郵船、欧州定期航路を開設。第一船として土佐丸（左）が横浜を出港。（1896年）

図8-3
近藤廉平・日本郵船会社第３代社長

影響もあった。以下、明治後半期に加速した日本の産業化の過程を振り返りつつ、彼らと英語との関係に迫っていく。

8.7　「商権拡張の一武器」となった英語

　1894〜95（明治27〜28）年の日清戦争に勝利した日本は、軽工業を中心とする第１次産業革命を迎えた。

　企業勃興、あるいは対外貿易の拡大という新たな時代趨勢に対応するため、政府は1896（明治29）年に造船奨励法と航海奨励法を公布した。これは当時の国際的な経済競争を支える海運業を奨励するためのものであり、これにより当時の有力企業であった日本郵船は欧米諸国への海洋航路を開拓するにいたる。

　また、これと期を同じくして、日本の対外進出も顕著になった。例えば1900（明治33）年の義和団事件に伴う日本軍の出兵や、1902（明治35）年の日英同盟などはその象徴的な例である。さらに1901（明治34）年には、『廿世紀之怪物帝国主義』（幸徳秋水）が著されたほか、日本最初の社会主義政党である社会民主党も結成された。

　日本がこのように後発の資本主義国家、ひいてはアジアにおける帝国主義国家としての道を歩みはじめるなか、当時における民間企業の相次ぐ海外進出を反映するように、外国企業との取引や交渉の際に必要となる英語の重要性が指摘されるようになった。

　例えば、日清戦争終結直後である 1895（明治 28）年 5 月 29 日付の『読売新聞』の社説では、このたびの戦争における勝利が、「我が帝国をして実力あり蓄積あるの名を博せしむ、其結果我帝国をして従来方隅に偏安したるの形成を一変し、一躍世界の舞台に立たしむるに至」らせたとの認識が示されたうえで、「我国民は今後全幅の力を挙げて四隣に当り、世界の各地に他の国民と相競争交渉して、益々国家の膨張を大成」する必要があり、その有力な方途とされた「商権拡張の一武器として、是非共国民が大に英語を学習するの必要」が説かれたのである（「英語の学習を奨励すべし」『読売新聞』1895 年）。

　同様の論説は同年 6 月 16 日付の『時事新報』においても行われ、「戦捷の結果は独り清国に対する我国の位地を高めたるのみならず諸外国に対して面目を一新したるより外に対する実業界の計画は今や漸く起らんとするに際し先つものは人物にて特に外国語に通ずるものの需要俄に増加し昨今実業界にては外国語に通ずる者を得んと欲して頻りに之を求むる」ことが報道された（「外国語の必要」『時事新報』1895 年）。

　第 1 次産業革命期の日本では、英（外国）語を国際的な産業競争を勝ち抜くための「武器」とする考え方が生まれていたのである。

8.8　実業界に進出しはじめる「学校出」青年たち

　一方、将来の「商権拡張」を担うべき当時の若者たち、なかでも近代的な「学校」で教育を受ける者たちの動向に注目すると、彼らのあいだではもともと官吏志向が強かったこともあり、上述の時点ではまだその関心が実業界に向けられることはなかった。

　しかし、明治 30 年代半ば以降になると、彼らの実業界入りがようやく本格化しはじめることになる（天野郁夫『学歴の社会史──教育と日本の近代』）。

　この動きを後押しした要因として、財閥系民間企業を中心とする実業界

が、当時「学校出」と呼ばれていた学卒者たちの積極的採用に乗り出した
ことは大きい。なぜなら先述した国際産業化とそれに伴う大規模化に伴い、
これらの企業においては近代的な経営管理機構の整備が急務とされたから
である。

　よって従来の商店を支えてきた丁稚や小僧といった「叩き上げ」に依存
する人事制度や、縁故偏重の採用形態が積極的な見直しの対象となり、か
わりに近代的な「学校」で教育を受けた者たちの需要が以前にも増して強
調されるようになった。

　その結果、「今日では総ての使用人――算盤方から帳付けに至るまで、
相当な「学校出」の者でなくては使用せぬ」（「現代就職案内――銀行会社員」
『成功』1905年）とされるような状況が生まれ、すこぶる学歴主義的ともい
える採用形態が浸透していくことになった。

　もっともこうした変化の背後には、かねてより官吏志向の強かった「学
校出」を採用することで、従来の「官尊民卑」的な社会風潮や前近代的な
賤商意識、とりわけ金儲けや商人の存在を蔑む意識を払拭しようとする民
間企業側の思惑も存在していた。

　かくして各地の大学や専門学校、中等教育機関を卒業した者たちが続々
と実業界へ進出していく状況が生まれることになった。折しも彼らのあい
だでは従来の国家的観念にかわり、自らの立身出世や経済的「成功」を求
める風潮が流行しており、ここに歴史上「実業ブーム」と呼ばれる現象が
生まれるのである（E. H. キンモンス著、広田照幸他訳『立身出世の社会史――サム
ライからサラリーマンへ』）。

8.9　「学校出」に要求された「実用英語」

　明治30年代以降の「実業ブーム」に伴い、当時の企業経営陣のあいだ
では、「学校出」たちが持ち合わせるべき技能や教育が関心事となったが、
むろん英語についてもその例外ではなかった。

　というのも、「学校出」たちにはかねてより、将来のエリート・サラ
リーマンとして外国企業との取引や交渉を担うことが期待されていたから
である。そして彼らには英語の能力、なかでも日常会話や商用作文を中心

とする「実用英語」の能力が要求さ
れたのであった。

　これを示すように、例えば当時の
国際的企業である横浜正金銀行や
(旧)三井物産、森村組、高田商会な
どはいうにおよばず、将来「有望な
る職業」を得んとする若者たちにお
いては、「一会社に於て人を雇入れ
んとする場合に当りても沢山の候補
者中より特に英文の書ける者会話の
出来るものを選抜する」とされる状
況が生まれるのである（磯辺彌一郎
「戦後の英学者」1905年)。

図8-4　旧三井物産社屋
　　　（三井銀行営業案内より）

8.10　学卒者の英語力への不満

　1904〜05（明治37〜38）年の日露戦争における勝利後、日本は造船、
製鉄、化学などの重化学工業を中心とする第2次産業革命を迎えた。これ
に伴い、外国企業との取引を一層活発化させた実業界においては、英語の
重要性は広く認められていた。

　これを示すように、戦後まもなくして発行された『実業之日本』誌では、
男爵・渋沢栄一や池田謙三・第百銀行取締役兼支配人、加藤正義・日本郵
船会社副社長、高田慎蔵・高田商会主、朝吹英二・鐘ヶ淵紡績会社専務取
締役、小野金六・東京電燈会社取締役、阿部泰蔵・明治生命保険会社社長、
末延道成・東京海上保険会社社長、大田黒重五郎・芝浦製作所長といった
錚々たる人物たちにより、一斉に英語の重要性が指摘された（健闘生「職業
問題に対する十五大家実験教訓」『実業之日本』1905年)。

　しかしこうしたニーズにもかかわらず、当時続々と就職してくる学卒者
たちが、その英語力でもって彼らの雇い主を十全に満足させることはな
かった。

　例えば1905（明治38）年当時、日本郵船の専務取締役であった岩永省

一は、「実業界の多く求むる所のものは書記であるが而して書記たるに要する資格は簿記法に巧みなる事、算術に熟練なる事英和書翰文に練達せる事」であるとしつつ、「然るに学校出身の人々は如何と顧みるに英語は下手、字は拙し簿記法は巧妙でなし、算術には熟達せぬと云う有様」であると述べていた（岩水省一「実業界は如何なる青年を求むる乎」『実業之日本』1905年）。

また 1907（明治40）年当時、三菱合資会社庶務部長であった荘清次郎も同様の不満を表明していた。彼によれば、「学校出身者の中で一番不充分であろうかと思うのは英語」であり、「どうも商売上の手紙などになると、遺憾ながら不充分であると言わねばならぬ。誰もやって誰もよく出来ず困って居るのは英文の往復文で、之は一般を通じて不足のように感じる」という（荘清次郎「三菱会社は如何にして社員を採用するか」『実業之日本』1907年）。

さらに、飯田義一・（旧）三井物産会社理事や早川千吉郎・（旧）三井銀行専務取締役も、学卒者の英語力を問題視していた。彼らによれば、「学校を卒業したばかりでは未だどうしても英語であるとか、簿記であるとか、手紙を書く事であるとか、いう実科の研究が充分で無い」（飯田義一「新覚悟を要す可き本年度の学校卒業生」『実業之世界』1909年）、「新知識、新素養を唯一の生命とする学校出身［ママ］を通して甚だ誇ることの出来ないのは、一般に語学の力の欠乏して居ること」であり、「それは単に会話作文の如き実用的の語学ばかりで無く、解する方の力も亦貧弱である」というのである（早川千吉郎「三井銀行では学校出身の青年を斯うして鍛へて行く」『実業界』1911年）。

こうした実業界の不満を比較的まとまったかたちで表明していたのが、1905（明治38）年の『実業之日本』に投稿した蘆川生なる人物による以下の論説である。

　　平和恢復後の日本は世界的大日本也、外国貿易上に大飛躍大活動をなすべき一大時機なり。而して世界的商戦の一大武器としては、是非とも語学上の深き修養なくんば不可也、英語の研究は今や滔々たる大勢力を以て日本全国に普及されたりといえとも、実務としての英語、商戦の武器として用うべき英語は、果して善く之を活用し得る迄に普

ねく発達を見るに至りたるか、吾人は甚だ疑なき能わず。

　実務としての英語、商戦の武器としての英語は、必ずしも高尚なる
文学的研究というにあらず、実用に尤も関係ある通俗的普通的英語な
らざるべからず、何をか通俗的英語というや、曰く商業書翰を認むる
こと、明瞭的確なる英字を書き得ること、日常普通の商業会話を善く
すること、新聞雑誌を理解し得ること、以上の四大要件は通俗的英語
の研究として、実務上の要具として一日も欠くべからざるものなり。
銀行と会社を問わず、簿記と算盤に通暁せざれば、書記としての職責
を尽し得ざるが如く、此の通俗的英語に熟練せざるに於ては、之を実
用的方面より見て三文の価値なきものなり、簿記、算盤、実用英語の
三者は、実務上尤も有要重大の武器なり。

　然るに今日の英語研究者の傾向如何というに、高尚なるシェークス
ピーヤ、ミルトン、ドライデン、テニスン、エマーソン、カーライル
の詩文を研究して、其文章の巧拙を云々する所丈けは如何にも立派の
英語学者らしく思わるれども、葉書一本すら碌々英語にして書き得ず、
新聞紙の一欄すら満足に解釈し得ず、インヴォイスの書き方をも心得
居らず、外人より二三語を話さるれば忽ち辟易するもの滔々として皆
是なり。　　　　（蘆川生「商家実務としての英語活用法」『実業之日本』1905 年）

　つまり英語の学習が「高尚」な文学作品の講読に傾斜するあまり、実業
界の「世界的商戦」で要求される「実用英語」の習得がおろそかになって
いるというのである。

8.11　「実業家の教育家に対する要求」

　学卒者に対するこうした不満の矛先は、やがて彼らの英語力を養成して
いる学校教育機関へと向けられていくことになった。

　1906（明治39）年の『実業之日本』では、「時代の要求」と題する欄が
新たに設けられ、学校教育の実用主義化を促す提言活動が「実業家の教育
家に対する要求」として開始された。

　このうち教育全般については、第百銀行支配人・池田謙三「教育界に対

図 8-5　東洋汽船ポスター（香港、横浜のオフィスと天
洋丸。中央に S. Asano 社長）

図 8-6　白石元治郎

する余の要望」や、東京鉄道会社監査役・佐々木愼思郎「教育の大目的と
実用主義」、東京電車鉄道会社社長・牟田口元学（む だ ぐちげんがく）「教育界に対する余の要
望」、森村組創始者・森村市左衛門「教育の大目的は学者を作るにあるか」、
東京海上保険会社社長・末延道成「修学年限を短縮すべし」、芝浦製作所
長・大田黒重五郎「教育界に対する余の要求」などの論説があげられるが、
それらはおおむね次のようなロジックで構成されていた。

　すなわち、（1）実業界に入ってくる「学校出」は、実務において役に立
たない、（2）これら「学校出」教育の担い手は学校教育であるから、この
責任は教育界にある、（3）したがって「新時代」の国際競争を勝ち抜くた
めにも、実務に直接役に立つような実用主義的教育を導入してもらいたい、
というものである。

　むろん英語についても、こうしたロジックの例外ではなかった。例えば
1906（明治 39）年当時、東洋汽船会社支配人であった白石元治郎は、以下
のような教育改革の必要性を説いている。

　　今後益々語学の必要が起って来るのであるが、偖（さ）て学校出身者に就（つい）
　て観るに英語を達者に話し且（か）つ書き得るものは極めて少ないのである、

特にビジネス、レッターに至ては之を完全に書き得る者は恰かも暁天
の星の嘆を免かれぬ。故に私は一方には比較的有要ならざる学科を削
除すると同時に、他方には実務的学科特に英語会話及び英語書翰文の
時間を大に増加する必要があると思う。又商売上の手紙は今日にてす
ら殆んど総てタイプライダーに掛けらるるので、其必要は今後益々増
加して来るから学科中にタイプライダーを加入する必要がある、又英
語の速記も同時に必要であるのであるから之れも学生をして修養せし
めなくては可かぬ。果して然らば学校出身者をして実務に迂遠なりと
云うが如き非難を免れしむるのみならず、実業界の登龍門を潜らしむ
ることを得るのである。

(白石元治郎「理想的実業家と教育制度の刷新」『実業之日本』1906 年)

これと同様の提言は、同業者の岩永省一・日本郵船専務取締役によって
も行われており、そこでは「私が教育界に向て第一に猛省を促したいのは、
学校出身者が実務的素養に於て欠けて居ること」とされたうえで、「今後
益々必要を加うるのは英語と速記術並にタイプライター」であり、これら
の「実務的学科の修業時間は之を増加する必要がある」とされた (岩永省
一「実務的教育の欠乏」『実業之日本』1906 年)。

ちなみに、これらの動きと期を同じくしてある文学作品が発表されたこ
とにも注目しておきたい。夏目漱石の『野分』(1907) である。これは金
力と権力を背景にその影響力を増大させていた実業家 (およびその教育介
入) を相手に苦闘する文学者・白井道也の生き様を描いたものであった。

8.12　就職と直結する「実用英語」

先述した「実業ブーム」のなか、実業界への就職を希望する若者たちは
おろか、その教育機関に対しても直截的な影響を及ぼしたと考えられるの
が、彼らの採用時における英語力重視策である。

例えば、当初より学卒者を積極的に採用していた (旧) 三井物産は、
1907 (明治 40) 年にその学生採用方針を公表しているが、そこでは「採否
を決すべき重なる要点」として、「年齢の若き事」、「身体健全なる者」、

「性質実業家に適する者」、「勤務地等に就いて條件なき者」とならび、「英語に熟達せる者」があげられていた（田中文蔵「我会社は如何なる卒業生を採用するか」『実業之日本』1907年）。

　すなわち同社によれば、「外国語就中英語は外国貿易に従事する会社等に於ては別して其必要を感ずる事切なるもの」であり、しかも「話す事、書く事、読む事」のうち、「殊に前二者は必要中の必要事項」であるというのである。

　同様の方針は、当時の人気企業であった日本郵船によっても公表されており、そこでも「大体の方針としては英語の素養の充分ある者を主として採ることにして居る」とされていた（堀達「我会社は如何なる卒業生を採用せんとしつゝあるか」『実業之日本』1907年）。

　彼らが述べる「英語の素養」のなかに、「実用英語」が含まれることは明らかであろう。したがってここに、「実用英語」の技能がなければ、学卒者の就職すらかなわない状況が生み出されていたことがわかる。

8.13　第1次世界大戦と「大戦景気」

　1909（明治42）年、世界最大の生糸輸出国となった日本は、翌年の韓国併合、そして大正期における第1次世界大戦（1914 ～ 18）を経て、当時の欧米列強と比肩し得るほどの資本主義・帝国主義国家としての地位を確立することになる。

　とりわけこの時期における経済的躍進をもたらした要因として、第1次世界大戦が注目される。すなわち直接の戦火を逃れていた日本に対し、欧州各国からの軍需品注文が殺到した結果、日本経済はいわゆる「大戦景気」と呼ばれる未曽有の好況に沸いたのである。

　この結果、巨万の富を築いた「成金」が海運業などから登場したことはよく知られている。当時のメディアでは、芸者をオープンカーに乗せて花見に行く様子や、豪華な別荘での避暑旅行、さらには虎肉試食会や牛乳風呂に興じるまでに成り上がった商人たちの行動が注目された。

　この情勢のなか、当時の若者たちの実業就職熱もとどまるところを知ら

ず、官立大学卒業生を含む多くの学卒者たちがこぞって民間企業・実業界
へとその就職口を求めていった。また、彼らを教育する英語教師たちのあ
いだでも、高い俸給を求めて実業界へと転職するケースが相次いだ。

8.14　浸透する「実用英語」

　実業家たちの致富にあこがれ、「実業ブーム」に沸いていた若者たちの
あいだでは、斯界で必要とされる「実用英語」の習得は喫緊の課題となっ
ていた。

　管見の限りこの兆候は、早くも明治 30 年代後半から見られる。当時の
（英語）雑誌には次のような投書が寄せられている。

・「英文新誌愛読者諸彦に願いますが、僕は未だ英文書簡の往復を、嘗て
試みたことなくこれではプラクテカルイングリシユの一部練習を欠いで
居ることと思いますから、月に一回程互に書信を通じて、僕の短を補う
て下さる御仁は？」（「端書集」『英文新誌』1903 年）

・「僕は英文新誌に改良すべき点があると思う。第一余り英文学に関する
記事が多い。此後は英語学即ち会話作文等高尚なる商業的実用的の記事
を多くして貰いたい」（‘Editor's File’『英文新誌』1903 年）

・「将来事業家たらんとす英清韓三国語を実用的に会得するには何校適当
なりや外国語学校等果して実用的に教示してくるるや又同校卒業程度に
て実際に用務を弁じ得る程会話会得し得るべきや謹で事業家としての必
要の件御教示を乞う」（「記者と読者」『成功』1904 年）

・「英文商業書翰を作るに、極く適当なる参考書がありましょうか、発行
処と本名と代価を御知らせ被下さい」（‘Editor's File’『英文新誌』1904 年）

　日常的な会話や作文の学習に傾斜していく彼らの様子がうかがえるが、
この傾向をかつての「英学」時代の見地から批判したのが評論家の山路愛
山であった。彼は 1911（明治 44）年の『国民新聞』において、当時の英

語界の「学風」が「女性的」になって
いることを指摘した。つまり日常的で、
高度な思考力を要しない、「暗記、真
似口」の語学が流行しているというの
である。

図 8-7　山路愛山

　我等の経験する所に依れば女子は
男子よりも概して機械的の記憶力に
富みたるものなり。音楽の譜を暗記
するが如きことは其一例なり。女子
は口真似の上手なるものなり。文法
を暗記し、一寸したる会話を覚え、日用の手紙を書くなど云うは男子
よりも女子の方が成績善し。さりながら読解の力に至ては女子の方、
男子に比すれば大いに劣れり。［中略］我等が学生の時代には外国語の
会話は馬鹿か、恥を知らぬ生意気な奴ならねば上手にならぬものと諦
め、文法などを機械的に記憶するものに頭の善き男にはなきものなり
と云って転蔑し、唯あばれ読みに書物を多く読みたるもの多し。［中
略］外国語を学ぶものの通癖は実用と云う好辞柄に依りて士君子学と
通弁案内者学とを混雑することなり。世界の心を解し、文明の奥義を
知るは士君子の学問にして読書訳解の力を重しとす。外国人と話をな
し、口のさきにて外国人の真似をなす如きは通弁、案内者の能事にし
て必ずしも士君子の業に非ず。二者勿論偏廃すべきに非ずと雖も、択
んで其の一を取るべくは我等は士君子の学を取らんとするものなり。

（山路愛山「ひとり言」『国民新聞』1911 年）

　山路のいう「通弁・案内者・女性」的語学が流行するなか、学校の「英
語教授」についても、いっそのこと「実用英語」をその目的にしてしま
おうとする論者も現れた。例えば1906（明治39）年の『教育学術界』に投
稿した文学士・堀謙徳は次のように主張している。

　中学より大学まで、英語教授の方針は、他日仕事をするに当りて、

英語を利用し得ることを以て、主眼となさることを願いたい。即ち読
めます、書けます、話せます、という人を養成することとしたい。今
日までの日本で行われてる英語教授は、余りに文学的で、学者的で
あって、実際的でありませぬ。其弊として、シェークスピーヤの評論
までする英文学者が、日用通信の手紙を英文で書けないという様な
ことが出来る。全国英語教授の方針としては、普通日用の英語に熟する
を主とし、英文学を専門に修める人は、其上に特に其方面の事柄を専
攻することにして、一般には、純文学者に必要な様なことを修めさせ
ないで、商人となっても、工業家となっても、政治家となっても、実
用すべき風のものを授くることに願いたい［中略］一口に申しますと、
余り六ヶ（むつか）しく無いものを色々習わせて、実用英語の練習をさせたいと
申すのです。　　　　　　（堀謙徳「英語教授論」『教育学術界』1906 年）

8.15　「実用英語」と英文法排撃論

　以上見てきたことからもわかるように、明治 30 年代以降における実業
界の興隆により、「実用英語」の重要性は学生や教育関係者たちのあいだ
で相当な説得力を持っていた。そして、このような趨勢と、折しも社会問
題化し、誰もが一家言できる「教授法」をめぐる議論の混乱が合流したこ
とが、当時の英文法排撃論を後押しする一因となっていたと考えられる。
　つまり、近代的な「英語教授」の時代に起きた一連の英文法排撃論とは、
同時期における日本の資本主義・帝国主義化、ひいては当時の欧米列国を
その主な担い手とする帝国主義的市場獲得競争という世界史的文脈のなか
に位置づけられる現象でもあったということである。
　しかし、この情勢のなか、当時の産業化に伴う英語界の混乱を収拾しよ
うとする動きも生まれていたことも事実である。すなわち、一部の教育者
たちのあいだでは、英語学習上における英文法の適切な位置づけ、ならび
に英語そのものの学校教育内における適切な位置づけを模索する動きが生
まれていたのである。
　第 10 章において見るように、この動きのなかから創出されるのが、「英
語教育」という新しい枠組みであった。

第9章 英文法排撃論への反論活動
── 明治 30 ～ 40 年代

9.1 実業界関係者による英文法排撃論

前章で指摘した、実業界と英文法排撃論との結びつきを示すように、実業界関係者たちのあいだでも英文法が話題となることがあった。

例えば1906（明治39）年の『商業界』に投稿した下條直幹（高島屋飯田呉服店）は、幼児がそもそも文法を意識することなく、実地の運用を通じて容易に言語を習得するとの観点から、「こう云うてはヤレ文法に違うの、ああ云うてはヤレ発音が誤るのと、無暗に心配をして折角覚えた言葉を活用せぬのはつまらぬ。大胆に無邪気に子供の様にドシドシやるがよい」とした（下條直幹「子供の言葉と語学の練習」『商業界』1906年）。

翌年の『商業界』や『東洋経済新報』では、あからさまな英文法排撃論が行われた。なかでも後者の「文法倒れ」と題する論説ではまず、「今や日本も一等国」であり、「我が国民は世界的活動をなさねばならぬ」から、「外国語を巧みに操る必要がある」とされた。そのうえで、英語力の養成法としては「俗に所謂る習うより馴れよの道理に従い、英語の如きも、文法の講義は好い加減にして、作文、会話、読書等の実地の練習に重きを置く」べきものとされた（牛中山人「文法倒れ」『東洋経済新報』1907年）。

1911（明治44）年の『実業界』に寄稿した井出鐵造も、英文の正確性を担保する文法が実践的な商業会話の障害になるとして、「徒らに文法などに拘泥することなく、多く話し多く書く主義で、倦まず撓まず遣って行くか宜い」とし

図 9-1 『東洋経済新報』創刊号

た（井出鐵造「如何にして外国語に熟達すべきか」『実業界』1911 年）。

　以上より、前章で紹介したものと同様の論法が、実業界関係者たちのあいだでも共有されていたことがわかる。

9.2　英文法擁護論の一例——生田長江による反論

　この情勢のなか、やがて一部の英語関係者たちのなかからは、英文法排撃論を意識した反論が行われるようになった。本書は、彼らによる一連の論調を英文法擁護論と呼ぶこととし、以下、そのロジックに注目していく。

　数多く行われた擁護論のなかでも、比較的精密な議論を展開していたのが、ニーチェの『ツァラトゥストラ』の翻訳などで知られる生田長江（1882 〜 1936）である。

　彼は 1910（明治 43）年に上梓した自らの著書のなかでまず、「近来は、文法の必要を甚だ軽く見るような傾向」から「文法なぞどうでもよいと云うような、乱暴な議論を唱えて居る人」の存在を指摘し、以下の 3 つの観点からの反論を試みた。これらはいずれも前章で見た、子どもの言語習得をモデルとする「自然」論を意識したものであった。

　1 つ目は、英語習得時における学習者の精神発達状態である。生田によれば、「小児」は「文法に依頼することが出来ない代りに、鸚鵡的に記憶する」のに対し、「大人」は「器械的に記憶することが苦しい」ために、「文法の力を藉りて其方面の埋合せをしようとする」というのである。

　2 つ目は、「母国語と外国語との関係」である。すなわち、多くの日本人学習者の母語として染み込んだ「日本語なぞに比べると遥かに複雑」で、「言語文章の構造組織が根本からして

図 9-2　生田長江と妻の藤尾（1907 年）

違って居る」英語を学ぶ際に、「文法なしにやろうとするのは殆んど不可能」であるというのである。

　3つ目は、日本の英語学習者を囲繞する言語環境である。生田はこれをわかりやすく説明すべく、文法を東京市内の「地図」になぞらえる。

　すなわち東京に生まれ育った者は、知らず知らずのうちにその地理が頭のなかに染み込んでいるから、わざわざ地図を見なくても容易に市内の目的地に到達することができるであろう。

　一方、上京経験のない者はそうはいかない。彼らがいざ東京に来たとしても、「幾度かお巡査さんを煩わし、いくたびか剣突を食い、幾度か無駄足を踏」んでしまうであろう。そうだとすれば、市内の大まかな構造を示してくれる「地図」を利用しないという手立てはない。

　生田はこう主張することで、英語で生活しているのではなく、あくまでも外国語としてそれを学ぶ日本人学習者にとっての文法が、「語学の勉強を面倒臭くせんが為めに発明されたものでな」く、むしろ「地図」のごとく「研究者をして便利を得しめんが為めに出来て居る」ことを指摘したのである（生田長江『英語独習法』1910年）。

図9-3　生田長江『英語独習法』

9.3　窮地に立たされる斎藤秀三郎

　「英語教授法」にまつわる議論がヒートアップしていたことは前章で触れたが、これによりもたらされた当時の英文法排撃論と連動して、文法の総帥である斎藤秀三郎への人格攻撃も相次いでいた。

　例えば1909（明治42）年の『東京エコー』に連載された「教育を商売にする斎藤秀三郎」という記事では、「彼れの学校は、中学卒業そこそこの学生に向ってatやinの説明を何ヶ月にも渉って講じ、高等受験科なるものに於てonやtoの冗長な講義をして」いることが商売目的とされたほか、話題は斎藤の吉原通いや女性関係にまで及び、その「荒淫」ぶりがセンセーショナルに報道される始末であった（「教育を商売にする斎藤秀三郎（其一）」、「教育を商売にする斎藤秀三郎（其二）」『東京エコー』1909年）。

　同年の太田英隆編『男女学校評判記』でも、正則英語学校について、「流石校長か文法学者たけて読本の一も読めないものに文法を教えて居る」ため、その「生徒は文法の理論をコネ廻すか記者の謂所文か読めないスピリットか読めない、名は正則英語学校たか其の実は不正則英語学校た」と揶揄された（太田英隆編『男女学校評判記』1909年）。

　ほかにも斎藤を標的とした誹謗中傷は相次いだようであり、これには豪傑肌の彼も精神的にこたえていたようである。事実、彼は正則英語学校の機関誌『英語の日本』の記者に対し、「やれ文法一点張りだの、やれphrase mongerだのと、勝手な悪口を言われながら著作に従事して居る間のつらさと云ったら無かった」と語っていたという（「蚊ばしら」『英語の日本』1908年）。

9.4　斎藤の門下生たちによる英文法擁護論

　この苦境を打開すべく立ち上がったのが、斎藤の門下生たちであった。具体的には佐川春水や、『自修英文典』を上梓した山崎貞、長谷川康といった人物たちの名前があげられるが、なかでも反論の急先鋒となったのが、当時30歳を過ぎたばかりの青年教師であった佐川春水（1878～1968）である。

　佐川は1909（明治42）年に発行された『英語の日本』のなかで、「斎藤先生」を「文法一天〔ママ〕張の英学者であるように曲解し、正則英語学校を文法学校と誤伝した時代の迷想が今日猶其余毒を流して、往々後進の子弟をして、方向を謬（あやま）らしむる傾向があるのは実に遺憾の極み」であるとし、「正則英語学校は決して或人々の想像する如く文法研究を以て能事終れりとなすものではない」と喝破した。

　そのうえで文法については、「今日英語を学びつつある者の殆んど全部」が「天性語学の才を具えて」いるわけでなく、また「洋行の資をaffordし得る程に裕福でない」「幼少の時代から英米人と交って不知不識の間に英語が頭脳に染み込んだと云う人々」でもない以上、どうしてもこれらの特殊な環境に恵まれることのない者たちにも向けた方法が存置されるべきであるとした。その1つがほかでもなく英文法であったのである（佐川春水「所謂S.E.G.System.」『英語の日本』1909年）。

　先述した生田同様、学習者を取り巻く環境が考慮されていることがわかるが、佐川の場合さらに一歩進み、これが彼らの英語力獲得をめぐる平等性の問題と結びつけられていることがわかる。つまり英語圏の住民のごとく自然に英語を学ばせる方法に依存することは、そのような環境にない大多数の者たちを排除することにつながるということである。

　このように学習者の境遇や格差に注目する反論は、佐川以外の門下生たちによっても行われていた。

　例えば、1913（大正2）年に『自修英文典』を刊行した山崎貞は、その冒頭で自ら「正則英語学校に学び、同校の教授法を信奉するもの」としての立場から、「日本人が英語を学ぶのは大抵十三四才中学に入ってからで、それも一週僅十時間足らず、英人に就く機会などは全然無い者が多い、そういう境遇の者に所謂自然法を強いるのは其愚や誠に及ぶべからずである」と主張した（山崎貞『自修英文典』第5版、1915年）。

　長谷川康も同様に、「勿論、理屈をいわず、一語一語を考えず全体として右から左に合点のいくのが理想であるが、一週六時間やそこいらの僅少の時間英語に接する者が、唯習うだけを覚える丈けで、他の場合を推理する力や習慣を養わなかったら、五箇年位かかったとて何程の学力がつこうか」と反論した（長谷川康「理屈と習慣」『英語の日本』1916年）。

　さらに 1913 年の『英語の日本』に投稿した Y. Y. なる人物も、「一体所謂 "Natural Method" 崇拝者」のいうごとく、「タダ暗記的に練習したのでは学生に類推の力が出来ないから、教わった丈けしか知らない、イヤ、其教わったのも盲滅法に鵜呑にしたのだから、少し復習を怠るとスグ消失してしまう」ことを指摘しつつ、そもそも「或る特別の便宜を有して外人に親近し得たる人」など「例外の人々の経験を以って一般の学生に誨えるのは酷」であり、「寔に思い遣りのない勧告で実際に疎い詞」であると批判した（Y. Y.「四方八方」『英語の日本』1913 年）。

9.5　「英文法」とブリンクリー

　三者とも、自然に英語を習得できる環境に置かれていないという点で等質な「一般」の者たちを想像し、彼らへの同情論的立場から英文法を擁護しているが、先ほどの佐川を含めた彼らの反論を聞いていると、その師である斎藤に影響を与えた（と思われる）ブリンクリーの思想が思い出される（第 2 部第 4 章参照）。

　ブリンクリーは日本（語）の理解者として、舶来の 'English grammar' をダイレクトに持ち込むことなく、日本の「英文法」へと「作り変える」流れを本格化させた、いわばその源流に位置づけられる人物である。

　肝心なことは、彼がその著『語学独案内』(1875) やジャーナリストとしての活動、さらには雑誌『中学世界』で行った談話のなかで、そもそも（英語を学んでいた当時のエリートを含む）「日本人」として包摂される独立国家の国民が英語圏の住民として英語を学ぶことを想定していなかったということである。

　つまり幕末の「英学」時代以来、連綿と「作り変え」られてきた英文法とは、日本語で生活を送る者たちを意識するなかで成立していったものであり、このような事情を度外視する「自然」法（あるいはこれに類する、いわゆる"ダイレクト"で、どちらかといえば英語圏生活者のごとき感覚的な習得を目指す「教授法」）は、そもそも「英文法」の思想とは相容れないということである。

　この観点からあらためて上述した佐川や山崎らの反論を見直すと、いず

れも当時の日本語生活者たちの目線を意識したものとなっていることがわかる。彼らにとり英語はあくまでも他者であり、それを用いて多数の日本人が生活することなどあり得ないことであった。彼らにとり、日本語生活が要請する「不自然」な英語学習を象徴するものこそ文法であったのである。

そして、この種の認識にもとづく反論が斎藤の門下生たちによって一斉に行われたことじたい、その背後には直接的にも間接的にもブリンクリーの思想が活きていたと考えることはいささか乱暴であろうか。

9.6 「普通教育」における英文法の意義

日本語による生活圏から離れることに付随する文法的な英語学習は、言語じたいの客体化と連動した理性的思考や解析を伴う。したがってこれは結果的に英語に関する知識の定着性や持続性、あるいは推論にもとづく創造力や応用力の涵養、ひいては教養や人間形成へとつながるものである。

最後の教養や人間形成とまでにはいたらなかったが（後述するように、これを最も体系的に説くのが、「英語教育」の創出者・岡倉由三郎である）、その他の性質が当時の「普通教育」の理念と親和的であることから英文法の意義を説く人物がいた。1909（明治42）年当時、愛知県立第一中学校の英語教諭であった野田幾三郎である。

野田はまず、「今、日本に居て、英語を学ぶと云う様な、自国で他国語を学ぶと云う場合には、迚も、種々雑多の文章を、何度となく反復使用して、自然的に覚えてしまうと、云うことは、殆ど不可能」であるとしたうえで、そもそも英語が「中学校」という「普通教育」機関で教えられている限り、そこで「授くる知識は、確実でなければならぬ、所謂普通教育、基礎教育であるから、どこまでも、確かな、明かな知識を与えねばならぬ」ことを確認した。

彼はそのうえで、「読むことでも、書くことでも、文法から、はいって研究したのは、最精確で、意味明瞭」であるとし、これにより将来「其の上へ尚ほ知識を築き上げることも出来、又之を練習すれば、熟達の望」を得られるような基礎力を作り上げることが可能になることを主張したので

ある（野田幾三郎「中等学校に於ける英語教授法調査委員報告を読む」『中等教育』1909年）。

9.7　英文法をめぐる論争のまとめ

　以上、明治後半期における代表的な英文法擁護論を見てきたが、ここであらためて当時の論争で提出された論点を振り返っておこう。

　一連の排撃論で注目されたのは、メタ言語である文法に本来備わる抽象性や演繹性、あるいはその理論的な性質であった。この性質と、日常具体的で身体性を帯びる、したがって感覚的な言語習得や運用のあり方との乖離が問題視されたのである。

　これに対し擁護論者たちは、このような乖離そのものの存在は認めながらも、それでも文法の学習が不可避であり、かつ中長期的に見て有効でもある理由として、学習者たちの多くが英語圏の住民として生活しているわけではないこと、すなわち彼らがあくまでも日本語圏のなかで、あるいはそこで制度化された「普通教育」機関で英語を学んでいるに過ぎないことを指摘した。

　つまり排撃論者が前提とする、英語圏の住民であるがゆえに可能となるような方法をそのまま日本の学習者に適用することの誤りが説かれたのであり、これが英文法という本来的に「不自然」な要素を存置するための根拠とされたのである。

　一連の英文法擁護論は、いわゆる「日本人」として包摂される社会集団の日本語生活をあらためて確認・強化するものであったともいえる。

第10章 「英語教育」の手段となった英文法
──明治40年代

10.1 英文法と「英語教育」、そして「英語教育」と「国語」・「国民」

　前章では一連の英文法擁護論の内容を見てきたが、このうえでぜひとも強調されるべきは、このなかで提出された考え方が後述する「英語教育」の創出者であり、「国語」学者でもあった岡倉由三郎（1868〜1936）によっても共有されていたということである。

　事実、彼は当時流行していた「自然」法について、「特殊の場合で無くては、到底行われぬこと」と明言しており、文法を排除することは決してなかった（岡倉由三郎『英語教育』1911年）。

　したがって英文法は、最終的に「英語教育」のなかに存置されることになる。この限りにおいて英文法排撃論は失敗に終わることになった。

　また、英文法の存置と関連する、日本人の「不自然」な英語学習をもたらす日本の言語について、岡倉がこれを「国語」と呼びながら、下記のごとくその重要性を折に触れて説いていたことが注目される。この「国語」とは、日本の国家的統一と自立を象徴し、かつこの目的のために人為的に作られた国家語のことであり（イ・ヨンスク『「国語」という思想──近代日本の言語認識』）、義務教育機関における「国語」科の設置（1900）や国定教科書の導入（1904）等を通じて、徐々に普及し始めていた。

図10-1　岡倉由三郎

　　今日は世界いづれの国でも、国家というものを非常に強く感じ、考えるようになっている。これは、国と国との間の種々な問題が複雑になればなる程、そうなるわけのものである。殊に、日本国の勢力はい

ま、日本本土のみならず、台湾、朝鮮、樺太、近くは満州までも伸び
た。こうなるとますます、国内の人の心を統一し、締めくくるという
ことが大切に感ぜられて来る。

　この、内の結束が充分でないと、その国は弱いということは、昔か
ら知られている。父親がしばしば喧嘩する兄弟を集めて、兄弟の数だ
けの矢を銘々に一本づつ与え、一本一本は容易に折れるが、一と束に
したものはなかなか折れないという事に寄せて、結束ということの、い
かに大切であるかを教え諭したという話は、日本にも西洋にも武士の
家庭に伝わっている。即ち、国内の人心が結束していなければ、その
国民は弱いということは、東西いづれの国にも通じた真理なのである。

　さて、それではその結束のために国民の心を束ねるものは何である
かといえば、それは国語である。その正しい形が国中、津々浦々まで
あやまりなく用いられてはじめて、その国は隅々までよく連絡がとれ、
人の心の統一も出来る。ちゃうど汽車などが、国の隅々まで通じると、
各地方の産物が互によく融通されて、国の富が増すと同様、ことばの
車にのせてその国の知識も感情も有無相通じ、国家の心というものが
明かになり国民の生活も統一され、そこで国家は、いよいよ善くも美
しくも強くもなってゆくのである。

（岡倉由三郎講述『岡倉先生 初等英語講話』第 7 版、1936 年）

　弱肉強食の世界の状況を意識しつつ、「国語」による「国民」の団結を
強調する岡倉の言葉からは、「日本国」の国際（帝国）化に伴い、現代の
ように「グローバル」な英（米）語に同化されながら、「国民」間の分断
や格差、ひいては国家の解体をもたらすことを志すのではなく（象徴的な
言葉でいえば 'Englishnization'［三木谷浩史『たかが英語！』]）、むしろそれと
対峙しつつ、帝国に包摂される「国民」を「国語」で同化しようとするナ
ショナルな意識がうかがえる。

　こうした言語戦略上の枠組みのなかでは、外来語である英語も、必然的
に同化と膨張を志向する「国語」空間によって変形されることになる。こ
れを象徴的な言葉でいいなおせば、本場の 'English' は、「国語」空間との
接触を通じて「英語」にされるということであり、このインダイレクトに

（かつクリエイティブに）受容された「英語」は何らかのかたちで'和臭が漂う'という点で'English'とは似て非なるものである（小林敏宏「言語文化地政学の中に見る日本型「英語教育」のかたち」、「非英語圏日本の言語空間における〈英語〉概念の「特殊性」について」）。

　また、岡倉は、「国民」としての「自覚」の「健全」さとは何かについても次のように語っていた。

　　健全な国民的自覚には必ず二つの方面が伴っていて、一方には自己の古来の発達を明かにする事と、他方には自己が現在爾余の国民に対して有する関係を明かにする事で、今日の日本が最も心を用いるべき点は、其胆魂を建国古来の大和心の上にどっかと据えて、眸を四方の海の彼方に配り、呼べば応うる隣邦の動静は勿論のこと、遠くはアメリカ、さてはヨーロッパの国情を探って、自家防備の道、をさをさ講ぜらるべきである。それに一国の勢情は、其国民の所謂風土文物全般の上に顕われるのであるが、遠方に居て外より之を観察するよすがとしては、広き意味の文学、別しては狭義の其れが有力である。

（岡倉由三郎監修・荒木秀一著『近代劇物語』1913年）

　以後見ていくように、ここで言及された「自家防備」の精神、いいかえれば独立国家・日本の「国民」が生活する「国語」圏の防衛と連動した、英語（圏）との対決の精神こそ、「英語教育」の基調を為すものであった（ただし他者である英語との対決心が高じることは、同時に、「内」なる他者である植民地の人々への「締めくくり」が厳しさを増すことをも意味する）。いいかえれば、「英語教育」とは、それじたいとして独立して構想されたものではなく、常に「国語」圏・日本のありようとの関連のもとに捉えられる、相対的な概念であった。

　英米人のように英語をぺらぺらしゃべりながら自己に酔い、「国語」を疎かにする、あるいは自らの営為を国家的・社会的文脈のなかに位置づけない英語屋や実用スキル主義者を岡倉が嫌悪したことに象徴されるように、「英語教育」とは、あくまでも国防論的動機にもとづく、国家的文化移入（創造）・教養人育成事業であった。したがって「英語教育」に携わる者こ

そ、「国語」圏全体の守護者であり、同時に身近で自明化された後者から
あえて離れ、顧みることを通じてその新しい可能性を切り拓くことによる
発展と強化に興味と責任を持つ知的エリートであった。これはかつての
「兵学」的な「英学」の精神と親和的であり、この意味で「英語教育」は
「英学」の派生物であった（斎藤浩一・小林敏宏「国民国家の英学とその変容過程
に関する研究」）。

　創成期の「英語教育」とは、ナショナルな利益を追求するものであり、
したがって現代のわれわれが理想とする（あるいは、強いられている）、
「グローバル」な民間ビジネス勢力に貢献するための実用スキル主義とは
対極的な存在であった。よって昨今しばしば聞かれる「コミュニケーショ
ン中心の英語教育」といった類の表現じたい、矛盾を孕むものであるとと
もに、このような矛盾が、長い月日を経たうえで感じられなくなったこと
じたい、その価値観の空洞化と革命が完了したことを示唆している。

10.2　「英語教育」への胎動——「教授法」から英語科の目的論へ

　話題が現代のことへ立ち入ってしまったが、ここでもう一度、「英語教
育」の誕生にまつわる歴史的状況に立ち返ってみよう。

　明治30年代において（英文法を含む）「英語教授法」の議論が盛行を極
めるなか、やがて「英語教授の問題は絶えず注意され居るに拘らず多くは
如何に教授す可きかの苦心に止まり根本的に何故に教授すべきかを察する
者少し、吾人は「如何に」の問題の先決問題として「何故に」の問題を解
決せざる可らず」との考え方が次第に頭を擡げてくるようになることは自
然の成り行きであった（「英語教授問題」『東京朝日新聞』1907年）。

　すなわち、あくまでも方法に過ぎない「教授法」についていかなる論を
組み立てるにせよ、まずはそれがいかなる目的や理念のなかに位置づけら
れるべきなのかという問題が解決されることが先決であるということであ
る。

　短期的に見れば、この種の議論は当時における「教授法」をめぐる混乱
を収束させる役割を担っていたことは間違いない。しかしより中長期的な
観点から見れば、それは「英学」終焉後に訪れた、英語それじたいを教え、

学ぶ時代への過渡期に制度化された英語科を定義する動きがようやく本格化してきたことを示す。なぜなら「教授法」という技術論が先行してしまったことに象徴されるように、「英語教授」の理念や目的がもともと不明確であったことは否定し難い事実であるからである（もっとも、当時の多くの人々にとって、英語を「教授」することじたいはじめての経験であった）。

　こうして明治30年代から40年代にかけて、英語科の目的論、とりわけ法令上「高等普通教育」機関に包摂される「中学校」におけるそれを論じる動きが本格化することになる。

　管見の限りこれを論じていたのは、先述した岡倉由三郎・東京高等師範学校教授や、中尾精一・鹿児島県加治木中学校教諭、宇津木駧太郎・岐阜県尋常中学校華陽会特別会員、平木北濤・東京高等師範学校研究科卒業生（卒業論文のなかで英語科の目的論を取り上げる）、上條辰蔵・東京高等師範学校教授であった。

10.3　目的論者たちの共通点

　興味深いことに、彼らはある程度共通した見解を示していた。

　第1に、英語科の目的として、彼らは一様に実用的側面と教養的側面の2つを認めていた。例えば1906（明治39）年に「本邦の中等教育に於ける外国語の教授についての管見」を発表した岡倉由三郎は、これらを「実用的価値」と「教育的価値」と表現していたほか、1908（明治41）年の『教育学術界』に寄稿した中尾精一も、これらを「実質的価値」と「形式的価値」と表現していた（中尾精一「中学校の英語科について」、「中学校の英語科に就て」『教育学術界』1908年）。

　同様に、宇津木駧太郎も「実用」と「教育的価値」という2分法を前提していたほか（「英語の研究に就いて」『華陽』1910年）、平木北濤も「直接の目的」（＝「実用的方面」）と「間接の目的」（＝「教育上の効果」）（平木北濤「外国語教授論」『教育学術界』1910年）を、上條辰蔵は「実用的の方面」と「趣味養成の方面」をそれぞれ認めていた（上條辰蔵「英語修学法」『中学世界』1912年）。

　ここに見られる多様な言葉遣いの背後にある事情については後に明らか

になるが、いずれにせよこれらは現代においてもしばしば現れる、「実用
と教養」的な枠組みと一致するものである。

　2つ目の共通点としてあげられることは、このような2分法を導入してい
た者たちがいずれも基本的に"教育者"であった（と思われる）ことであ
る。上述した人物たちのうち、中尾精一や宇津木鵬太郎については未詳で
あるが、岡倉由三郎や上條辰蔵、平木北濤は、「教育」の総本山である東
京高等師範学校（筑波大学の前身）の関係者であり、いわゆる外国語学校・
専門学校的な"語学技術者・英語芸人"ではなかった。

　第3に、これまた外国語学校的なるものとは異なる点なのであるが、彼
らはいずれも当時の産業化に伴い流行していた「実用英語」を英語科の主
旨とすることはなかった。

　同時期にいっそのこと「実用英語」を「英語教授」の目的にしてしまお
うとする動きが存在したことはすでに第8章で紹介した通りである。じつ
はこれと似たような方向性を示していたのが、1902（明治35）年当時、東
京外国語学校（東京外国語大学の前身）の校長であった高楠順次郎であった。

　彼はその名も「実業界に於ける外国語の必要」と題する論説を『東京教
育時報』に発表し、そのなかで「外国語の必用は、独り外国貿易に止らず
内国一般の商工業に於て最その必用を見る、殊に此等実業に従事するもの
の予修事項として、外国語はその第一に居るもの」としながら、「実業に
最関係ある市内各小学校」で英語の教授を開始すべきであること、ならび
にそこで「発音、会話の力に於て実用に応ずるの資格ある」教員を採用す
べきであることを説いていた（高楠順次郎「実業界に於ける外国語の必要」『東京
教育時報』1902年）。

　高楠はこの論説のなかで、語学の教養的側面を決して無視したわけでは
なかったが、やはり実業界に寄り添う政策提言を行っていたことが注目さ
れる。

　一方、先ほどの目的論者たちはいずれも「実用英語」を英語科の主旨と
することはなく、また、実業界に寄り添う姿勢を見せることもなかった。
彼らは「読書」を重視することで一致しており（ただしこれは「実用英
語」に含まれる能力を無視することを意味しない。「英語教育」もまた同
じであり、岡倉は音声を言語の本体と見なしつつ、きわめて重視してい

た）、さらに彼らのなかからは「実用英語」中心主義への警戒の声が聞かれることもあった。

例えば前出の宇津木騶太郎は、「近時大分実用英語という声が高くなって来た」としつつ、「然し近頃はこれがあまり流行し過ぎる弊があると思う、ここの所は一寸考え物だろうと思う、それは尚諸君の中で進んで高等商業へでも入ろうと思う人は特別だが其他の人はここの所は一寸考え物だろうと思う」と述べていた（「英語の研究に就いて」『華陽』1910年）。

同様に岡倉由三郎も、1905（明治38）年の時点で、「近来流行せる英語教授の方法」として「往々実用英語の名の下に流行英語とも称すべき者を授け［中略］読書力の養成を等閑に附する」教師の存在を批判していた（大阪府立北野高等学校校史編纂委員会編著『北野百年史──欧学校から北野高校まで』）。また彼は、1907（明治40）年にも、「実用英語と称して、全く会話、作文に重きを置けるものあり」としつつ、これを「如何わしき説」と批判している（岡倉由三郎「語学教授法に就きて」『内外教育評論』1907年）。

注目されるべきは、彼らが当時の「実用英語」の「流行」を知りながら、あえてこれに抗する姿勢を見せていたことである。これは、こうした反時代的行動を可能にさせる、ある強力な思想的・理論的拠り所が彼らのなかに存在していたことを意味している。

それでは、彼らの拠り所となったものとはいったい何であったのかというと、それは当時の教育学理論であった。すなわち、彼らは師範学校的な教育者らしく、教育を学理的に論じる道を選択していたのである。

10.4 明治教育学の歩みと、「教育」の意味

ここで彼らにおける教育学の影響を明らかにするために、明治期における教育学の歩みを簡単に振り返っておこう。

明治20年代、ドイツの教育者であるエミール・ハウスクネヒト（Emil Hauschnecht）が帝国大学文科大学に招聘されたことをきっかけとして、日本の教育学は主にヘルバルト派を中心とするドイツ教育学を受容していった。

ヘルバルト教育学は、その後大瀬甚太郎や谷本富らの尽力もあり、明治20年代における日本の教育主潮となった。しかし日清戦争（1894〜95）を

過ぎ、新たに国家主義的教育の必要性が認識
されると、従来のヘルバルト派理論が個人主
義的であるとの批判が相次ぎ、これがベルゲ
マンやナトルプらドイツの教育者が唱導する
社会的教育学の受容を促した。

　明治40年代に入ると、新たにモイマンや
ライらによる実験教育学の理論も輸入され、
教育の事実にまつわる客観的観察と心理学的
分析を旨とする実証的方法論が試みられるよ
うになった。

　こうしたなか、従来のドイツ語圏における
学説の翻訳紹介にとどまらず、日本の視点や

図 10-2　溝淵進馬

実状をも加味した教育学書も相次いで刊行されるようになった。なかでも
森岡常蔵や吉田熊次、樋口勘次郎、小西重直、溝淵進馬、大瀬甚太郎、谷
本富らによる一連の著作は、日本教育学の学問的独立を象徴するもので
あった。

　それでは、これらの国産の教育学書において、その中核となる「教育」
という営みはどのような構造と意味を持つものとされていたのであろうか。

　『教育学講義』（1909）の著者で、当時東京高等師範学校教授であった溝
淵進馬は、「教育」の目的を達成する「方法」
として、「第一、教授。第二、訓育。第三、
養護」をあげていた。つまり「教育」とは、
「教授」、「訓育」、「養護」の3要素から成り
立つものとされていたのであり、このうち
「教授」とは知育のこと、「訓育」は徳育、
「養護」は体育のことをそれぞれ指していた。

　もちろんこれらの区分はあくまでも学問上
の便宜から設けられたものであり、実際にそ
れぞれが独立して行われることが期待されて
いたわけではなかった。「教育」の現場では、
「教授」の際に「訓育」が行われることもあ

図 10-3　森岡常蔵

れば、逆に「訓育」の際に「教授」が行われることも想定されていた。

つまり「教育」とは、知・徳・体の3方面の相互連関的な一体性にもとづく総合的な人間陶冶のことを指しており、これをわかりやすくいいなおせば、「教育」とは「人づくり」のことであった。

よって「人づくり」を理論化した「教育」学において、「教育」と「教授」は厳密に区別されなければならなかった。例えば東京高等師範学校教授で教育学者でもあった森岡常蔵も、「教育は教授と同様ではない、教授の外に務むべき部分が多くある。即ち教育は知識の伝達に止まらずして、人物を作り上げることの役目を有して居る。之を教授と比すればその仕事の範囲は一層広く役目は一層重い」と述べたように（森岡常蔵『教育学精義』1906年）、「教授」とはあくまでも「教育」を補完する知的要素にすぎなかったのである。

10.5 「教授」に期待された「実用と教養」

英語科は知育の一環として行われるのであるから、当然のことながら「教授」の営みに含まれることになる。それでは、この「教授」には一般に、どのような目的と価値が伴うべきものとされていたのであろうか。

当時の教育学において、「教授」は「実質的価値」と「形式的価値」の2つを兼備すべきものとされていた。前者の「実質的価値」とは各学科特有の知識技能を授けることであり、一方の「形式的価値」とは、この「実質」面の陶冶に伴う精神諸能力の鍛練や人間形成のことを指していた。

この2分法は当時の教育学的文脈において広く受け入れられていたものであり、上述した「実質的価値」と「形式的価値」のほかに、「実質的任務」と「形式的任務」、あるいは「実質主義」と「形式主義」といった言葉が用いられることもあった（澤柳政太郎『実際的教育学』1909年、熊谷五郎編『教育学』1909年、小西重直『学校教育』1908年）。

よって英語科や国語科など「言語教授の際には吾々は単に言語的智識を授け、言語的技能を養成するばかりでなく此外に之れに依って精神の種々の能力を発達せしむることをも併せて注意せんければならぬ」ものとされていたし（溝淵進馬『教育学講義』1909年）、これと同じ原則は他の学科目にも

適用されていたのである。

10.6 「実用と教養」を表す様々な言葉

知育に付随する「実質」面と「形式」面の陶冶を表す言葉としては、当時、様々なヴァリエーションが存在していた。

前者の「実質」面の陶冶とはそもそも、生徒の将来における生活で必要とされる知識やスキルを授けることを指していたから、通常の「実質」という言葉にかえて、「実用」や「実際」といった言葉が使われることもあった。

同様に、「形式的価値」という言葉もそれほど定着したものではなく、以下に述べる種々の表現形式が用いられることもあった。

例えば、木村良吉・静岡県師範学校教諭は、図画科の目的を「実用上ノ効用」と「心的修養上ノ効用」と表現していたほか（木村良吉述『図画教授法』1903 年）、中垣兵次郎・東京府師範学校附属小学校訓導も、手工科の目的を「実際的の価値」と「陶冶上［ママ］価値」とに分けていた（中垣兵次郎『手工教授指針 毎時配当』1904 年）。さらに小圃立二・宮城県師範学校教諭も、図画科の目的を「実用上よりみたる価値」と「精神上よりみたる価値」と表現していた（小圃立二・内海靖編『新定図画教授の栞』1910 年）。

これらとならび、「教育的価値」という言葉が使われることも多かった。ただしこの言葉には、大きく分けて次の 2 つの用法があった。1 つは各科目の「実質」面と「形式」面の陶冶を包含する概念として用いられる場合、もう 1 つはもっぱら後者の「形式」面の陶冶のみを表す概念として用いられる場合であった。

10.7 「英語教育」の誕生――岡倉由三郎著『英語教育』（1911）

以上、明治末年期における教育学理論の概要を見てきたが、その内容から容易に推察されるように、先述した目的論者たちが参照し、その拠り所としていたのは当時の教育学理論であった。

すなわち彼らは、（英文法を含む）「教授法」にまつわる混乱に直面する

なかで、「学校教育」そのものに対する原理的思惟を行っていたのである。そして、その一般理論である教育学の理論を演繹的に英語科にも適用したのであった。

　なかでも注目されるべきは、当時東京高等師範学校教授であった岡倉由三郎である。彼は長らく同校の英語科主任教授を務め、精力的に教員の養成事業に取り組んでいた。彼は中等英語科教員の総元締として、きわめて大きな影響力を行使できる立場にあったのである。

　その岡倉が、明治も終わりに近づく1911（明治44）年、自らの英語教育論を集大成した著作である『英語教育』を刊行した。これは、先ほど紹介した、「実用的価値」と「教育的価値」という教育学由来の目的論を骨子とするものであった。

　しかしこの事実にも増して注目されるべきは、岡倉が当時としてはめずらしい「英語教育」という言葉を自著の表題につけていたことである。これまでに述べてきたように、「英学」終焉後の日本では、「英語教授」という言葉を用いるのが通例であった。

　ここから果たして岡倉がかの「英語教育」という言葉を「英語教授」と区別するかたちで意図的に用いていたのか否かという問題が浮かび上がるが、本書は当然のことながらこの言葉を彼が意図的に用いていたとの立場をとる。

　なぜなら先述した「実用的価値」や「教育的価値」という概念を教育学から転用していた岡倉が、そこで前提とされていた「教授」と「教育」の違いを知らなかったとは到底考えることはできず、また、こうした違いを「教育」の総本山である東京高等師範学校の教授として刊行した自著の表題をつける際に無視することも考えにくいからである。

　つまり岡倉が意図していたのはあくまでも英語を用いた「教育」、すなわち「英語教育」であり、この新しい造語を冠した彼の著作は、英語による人間形成・教養宣言書であった。ここに従来の「英語教授」とは異なる枠組みが創出・宣明されたのである。

　したがって岡倉の教え子たちが残した下記の回想の内容は正しいものであるといえる。

　先生は［中略］英語を通じて人物を磨くということを強調された。
その一つの表現が「英語教育」である。
（会津常治、桜庭信之他編・福原麟太郎監修『ある英文教室の 100 年──東京高等
師範学校・東京文理科大学・東京教育大学』）

　学校における英語は、ただ何かの役に立つからという実用一方のも
のであってはならない。英語ということばを教えることがすなわち教
育でなければならない、というのがわが師、岡倉由三郎の主張であっ
た。先生はそこでそれまで英語教授という言い方しかなかったものに
英語教育という言い方を置きかえて、自ら明治四十四年（一九一一
年）『英語教育』という書を著してその位置を明らかにし、その実践
の方法を発表した　　　　（福原麟太郎、『福原麟太郎著作集 9　英語教育論』）

10.8　教養・国家・「国語」・「英語教育」

　「英語教育」を提唱し、その指導者となった岡倉は、一種の教養主義者
として、英語の専門技術者に対してきわめて厳しい態度をとった。いいか
えれば、「英語教育」とはその創成期から英語屋を差別することで、自ら
の立ち位置を確認・差異化していたのである。
　岡倉は、その生活上の必要から英語を巧みに操る通弁やガイド、ウェイ
ターをしばしば引き合いに出し、彼らに「高雅なる品格は無い」と断言し
た。彼によれば、「若し、guide 式の英語に達したのみで修養にまで至らな
かったなら仮令其人が何箇国の語を知り、会話が如何程巧みに出来ても単
にそれ迄のことで、人物養成の上からは採るに足らぬ」というのである
（岡倉由三郎「英語教授法一斑」1910 年、澁谷新平「英語大家歴訪録〔一〇〕東京高等
師範学校教授 文部省英語科視学委員 岡倉由三郎氏」『英語の日本』1916 年）。
　教え子である福原麟太郎も、このような岡倉の差別的な考え方を感知し
ていた。「先生は、ただ英語をしゃべる器械のような教師、人力車夫のよ
うな通弁、そんなものになるつもりなら英語を習ってくれるなという心
持」であり、「学問によって教養を得、それを身につけて行状しうる人、
それが先生の我々に要求された大切な点であった。英語が少々出来るから

といって、ぺらぺらしゃべっ
て得意になっているなど、言
語道断という、はげしさをい
つも示しておられた」と（福
原麟太郎「岡倉由三郎先生」『カ
ムカムクラブ』1948年）。

図 10-4　福原麟太郎

　岡倉のスキル主義者への嫌
悪と連動した教養への志は、
すでに紹介した彼のナショナ
リズム意識とも深く結びつい
ていた。英語を小手先の専門技術としてではなく、他分野との関連のもと
総合的に捉え、それを自らの人格や生き方の次元にまで昇華させることは、
独立国家である日本＝「国語」圏の防衛と発展に興味と責任を持つ知的エ
リートとしての生き方と連動していたのである。

　こうして国家や「国語」、教養と結びつけられた「英語教育」の理念は、
確実に岡倉の教え子たちにも伝わっていた。

　　先生は、英米人を気取ることを実に排斥せられた。だから英米人を
　過重に崇拝することも気に入らなかった。日本人であるという事を重
　んじられた。だから日本語は正しく淳雅なものでなければならなかっ
　た。話す言葉ばかりでなく、書く文章にもやかましかった。日本人と
　しての教養ということが、またそれらにもまして重要であった。我々
　は英書購読の時間に、西洋の人情風俗を教えられると共に、日本古来
　の文物について常に何か顧みることを求められ、英米人の思想を解釈
　する際には、必ず東洋の思想が、ひき合いに出された。私達は、先生
　はなんでも知っている人だと思っていた。三味線のことでも踊のこと
　でも、万葉でも源氏でも、大雅堂でも竹田でも、仏教でも朝鮮語でも
　なんでも知っておられた。バクチの言葉にも通じておられるには一驚
　を喫した。　　　　（福原麟太郎「岡倉由三郎先生」『カムカムクラブ』1948年）

　岡倉由三郎先生は教育大の前身の東京高師の教授であられた頃は、

私達学生の発音調子を実に厳しく訂正されたものである。先生は英語に限らず「言葉」というものをとても今の人達の考え及ばないほど大事にしていられた。学生は英語の時間に、日本語の発音調子についてもこっぴどく叱られたものである。言葉遣いについても勿論である。

（寺西武夫『英語教師の手記』1963 年）

　四、五行訳すと、それですむ。よほどのへまをやらない限り、無事通過である。二、三人すらすらとやって、あと二、三〇分は先生の独演である。独演といっても、テキストの講義は、ごくわずかで、あとは、テキストの中の、ちょっとしたきっかけから引き出される、文学、芸術、その他、人生百般のことに関する話で、それが例の巧みな話術で、縦横無尽、天衣無縫、次から次へと続くので、学生は、ただもう、恍惚として聞きほれるのである。〔中略〕
　訳がまた恐ろしくやかましい。英語の意味を正確にくみ取ること、そして、それを正しい日本語で適確に表現すること、というふたつの作業の訓練が実に厳しかった。〔中略〕日本語の用法についていかに厳格であったかは、先生に教えを受けた人なら誰でも知っている。

（石橋幸太郎『書斎随想』1968 年）

英語の授業で（にもかかわらず？）教え子たちに厳しく求められた「正しく淳雅」な「日本語」、あるいは「正しい日本語」が国家語たる「国語」にほかならなかったことは言を俟たないであろう。そして彼は、その「国語」を用いた雑談を通して、教え子たちの人間教育をも行っていたのである（これは、比較的小さな範囲の分野における業績数の確保に血道を上げる、現代の「専門家」には到底できそうもないことである）。先ほど紹介した石橋幸太郎はこうした岡倉の雑談により、「われわれは人間について、そして人生について、実に多くのことを学んだと思う。これは、英語の力をつけていただいたことに優るとも劣らぬ先生から受けた恩恵である」と回想している（石橋幸太郎『書斎随想』1968 年）。
　岡倉が創出し実践した「英語教育」は、「国語」圏のありようと常に結びつけられていた。この意味で両者は相対的な関係にあり、これは「国

185

語」圏から見た他者である英語との対話にほかならぬ「英語教育」を通じて、日本の「国民」にとり比較的身近な「国語」空間が客体化される（＝「常に何か顧みる」）ことを意味する。

　いいかえれば、「英語教育」は、日常具体的で自明化された、したがって比較的相対化しにくい「国語」圏からあえて学習者を引き離し、抽象的な思考の世界へと誘う役割を帯びていたということである。そして、このプロセスじたいが、学習者の知性や教養の練磨、さらには国家全体の言語・文化の再認識と創造をもたらすものとされていたのである。

　「英語教育」にはしたがって、れっきとした「国語」・「国民文化」教育としての価値があり（小林敏宏・音在謙介「「英語教育」という思想──「英学」パラダイム転換期の国民的言語文化の形成」）、また、後者の錬成をもたらすものであった。同時に、それじたい、自らをややもすれば植民地化し、格差と分断をもたらしかねない外来の'English'を、逆に「国語」圏から（それとなく）変形し、「国語」（「国民」・「日本人」意識）の強化と「国民」の知性と文化の発展のために活用する戦略的媒介物でもあった。

10.9　英文法と「英語教育」

　「国語」圏を「英語教育」を通じて強化しようとする限り、英語の学習は必然的に「不自然」なものとならざるを得ない（あるいは、なるべきである）。よってそのような学習形態を象徴する英文法が、「英語教育」に存置されることは当然のことであった。

　英文法はそれどころか、この枠組みにおいてさらに積極的な価値を帯びることになる。なぜならそれに本来備わるメタ言語としての特徴は、眼前の具体的な言語から学習者を引き離し、抽象的な思考の領域へと誘うという点で（英語それじたいの相対化）、しかもそれが比較的身近な「国語」の法則とは基本的に異質であるという点で（「国語」の相対化）、学習者の知性や教養の練磨につながるからである。

　つまり英文法は英語それじたいと「国語」の両者を相対化できるメタ言語（いいかえれば、'English'と「国語」に挟まれた中間言語）として定位したということであり、それは外来の英語それじたいをダイレクトに受容す

ることを防止できる点で、さらに守るべき「国語」への架橋・省察（ひいてはそれによる各種の人間的活動の発展への契機）をもたらす点で、日本の防衛と発展にとって好都合であった。

　しかもきわめて重要なことは、これを可能にすべき英文法の体系内容じたいが、ブリンクリー以来、こうした目的にかなうように、すなわちインダイレクトなかたちに「作り変え」られてきたことである（第2部参照）。よって英文法は、もともと英米にその起源を持つものの、すでに「国語」圏の所有物であり、かつ後者の防衛と発展のために機能する対外的な武器であった（かつて日本最初の本格的な英文法書である『英文鑑』［1840〜41］を著した渋川敬直が、英文法を対外的な武器と捉えていたことを想起されたい）。

　列強由来のものを用いて列強を制す「英学」から派生した「英語教育」にとり、このような英文法の存在じたい歓迎すべきものであった。ここであらかじめ本章の結論を先取りしてしまうと、英文法は「英語教育」の中核の1つとして、最終的に一種の思考訓練や教養のための具、さらには比較的相対化しにくい「国語」や、「国文法」への省察をもたらすための具として定位することになる。その抽象性と理論性はかつて実業界関係者たちを苛立たせたが、逆にそれは国家防衛と文化創造をインターナショナルな「おしゃべり」よりも優先する「英語教育」においては積極的に評価されるのである。

10.10　なぜ「読書力の養成」が「実用的価値」とされたのか

　上記の事情を詳らかにしていくためにも、いま一度、かの「実用的価値」と「教育的価値」の内容に立ち返る必要がある。なぜなら英文法とて、これらの目的論の枠組みのなかに演繹的に位置づけられていくからである。ここではさしあたり前者の「実用的価値」に注目し、その内容がなぜ当時の実業界の期待に反して「読書」とされたのかについて明らかにする。

　「実用的価値」という概念じたい、同時期の教育学から転用されたものであったことはすでに紹介した通りである。したがってそれに包摂された「読書」という内容も、同じ教育学の原理から演繹的に導出されたもので

はないかとの推測がおのずと成り立つであろう。

　事実、1899（明治32）年の改正中学校令以来、「普通教育」機関とされた「中学校」とは、将来幾多の方面で活躍する者たちを想定した団体教育の場として位置づけられていた。よって特殊の職業訓練を施す実業専門教育機関とは異なり、そこで「教授」される「実質（実際・実用）」的内容は、なるべく多くの者たちが将来いかなる進路を選択しようとも応用可能な、基礎的なものでなければならないものとされていた。

　岡倉がこうした「普通教育」の原則を忠実に守っていたことは、以下の彼自身の言及からもうかがえる。ここでは「読書」が導出されるまでの論理展開に注目したい。

　　更に進んで、英語教授の目的たる実用的方面は果して如何なるものかと云うと、此れに対しては自分は猶予なく読書力の養成と云う事を以て答えるのである。従来の所謂実用という語に泥んで居る人は、これを以て直に「話すこと、書くこと」と解するであろう。けれ共、それは全く冠履顛倒で、<u>充分の読書力無ければ、決して満足に話し正確に書くことは出来無いのである</u>。之に反し読書力が一通り備って居れば、必要に応じ話したり書いたりすることは困難で無い、即、<u>読書が会話作文の基礎となるのである</u>。外国の常用語を、其外国人の如く流暢に話そうとなら、外国に行って数年を送るか、少く共、外国人に囲繞せられて、相当の年月を送る必要がある。此の如きは、<u>其境遇の生じたる人に限り行うべきことで、中学校に於ける英語は決して是等一部の者の便宜をのみ図るべき性質のもので無く且つ図ったところが期待する目的に達することは不可能である</u>。［中略］通訳たり記者たる人は扨措き、一般の人は、<u>直接外国人と文通したり談話をしたりして利益を得る場合は少なく、多くは書籍の媒介によって、新知識新思想を吸収するのである</u>。これを以て見れば、英語の実用的価値は、読書力の養成にあること、疑いを容れぬ所であろう。

（岡倉由三郎『英語教育』1911年、下線は引用者）

　「読書」こそ、大多数の者にとり必要とされ、かつ将来に向けた基礎力

となるという点で、「普通教育」で「教授」される「実質（実際・実用）」
的内容の条件を満たすのである。ここから岡倉は、「読書」を通じて「欧
米の新鮮にして健全な思想の潮流を汲んで、我国民の脳裏に灌ぎ、二者相
俟けて一種の活動素を養うこと」を英語科の「実用的価値」と見なしたの
であった（岡倉由三郎『英語教育』1911 年）。

　上記とならび、「読書」が重視されたもう 1 つの理由としてあげられる
のが、岡倉がもともと日常的な英会話や手紙文の作成について、これらに
国家を担うエリート教養人としての資質を育むための「教育」的意義を認
めていなかったことである。

　彼が遵守する「普通教育」の本旨とはそもそも人間教育であり、よって
この目的を達成できない「実用英語」力の養成を「英語教育」の主旨とす
ることに彼が反発しつづけるのも当然のことであった。彼曰く、「吾人は
gentleman たることを欲して guide たらむことを期せざるものであるから、
須らく気品の高い英語を学ばねばならぬ」のである（澁谷新平編『英語の学
び方』1918 年）。

　「英語教育」とはこのように、岡倉の“教育者”としてのプリンシプルが
色濃く反映されたものであった。そして、このプリンシプルの存在こそ、
彼が折に触れて見せた反時代的行動、すなわち実業界が求める「実用英
語」への反発を生み出す原動力となっていた。

　この意味で「英語教育」とは、「実用英語」中心主義への反動から生成
された側面があるのであり、したがって繰り返すが、本来、「コミュニ
ケーション」が「英語教育」の「中心」になることなどあり得ない話なの
である。

10.11　「読本」にもとづく帰納的文法「教授法」

　「英語教育」の本来の「中心」は「読書」であった。岡倉によれば、こ
れは「英語各分科の中心点であり、其各要素の総和」であり、したがって
「教師たる人は、よく主従強弱の関係を諦め、在学の年限間を通じて読書
作文会話文法と、平等に併行的に進ましめようとするが如き、労多くして
効少なき方法を取らず、常に読書を中心とし、総ての部分を、此中心に集

注帰結」することが求められた（岡倉由三郎『英語教育』1911年）。

　するとこの枠組みのなかに位置づけられた文法は、他の諸「分科」とならび、あくまでも「読書」を補完する一要素として相対化されることになる。これは、文法がそれじたいとして演繹的に教えられるのではなく、むしろ「読本」の英文と関連させながら、帰納的に教えられるべきであるとの考え方へと帰着する。

　この帰納的な「教授法」じたい、すでに見たように、明治30年代以降における一連の「教授法」改革運動のなかで盛んに唱えられてきたものであった（第7章参照）。それはもはや識者の定論と化しており、岡倉もまたこれに同調していた。事実、彼は折に触れて海外の新式「教授法」理論をも参照しつつ、「新教授法を奉ずる者と雖も勿論文法は教えるのであるが唯生徒が学校へ這入った当時から直ぐに演繹的に之を教えることはせずに帰納的に、生徒が読書其他から既に得た智識を利用して」教えることを主張していたのである（岡倉由三郎「本邦の中等教育に於ける外国語の教授についての管見」1906年）。

　よって文法書はあくまでも「読本」の英文中から抽出される規則群を整理し、折に触れて参照されるべき参考書として位置づけられることになった。岡倉はやがて文部省の視学委員として各地の教育現場を巡覧するが、その際に彼がしばしば現場の教師たちの注意を促したのがこの文法書の取り扱いに関することであった。

　しかしながら岡倉が、「英語教育」のスキル面の向上に向けた、小手先の技術論に満足することはなかったことはこれまでに述べてきた通りである。彼が最終的に目指すものが英語を通じた「教育」である限り、それは学習者の教養や人間形成、ひいては国家・「国語」の防衛と発展に資するものでなければならなかった。

　岡倉はそこで前出の「実用的価値」という目的にくわえ、「教育的価値」という概念を英語科に導入（転用）した。そして、このなかに「所謂外国語の修養的方面」の陶冶を認めたのである（岡倉由三郎『英語教育』1911年）。（ちなみに、ここで岡倉が用いている「修養」という言葉は明治後期に広く用いられたものであり、やがて大正期に入ると、「教養（主義）」という概念を生み出すことになる［筒井清忠『日本型「教養」の運命——歴史社会学的

考察』]。)

　興味深いことに、この「修養」を実現するうえで「最も其機会の多きもの」の 1 つとされたのがほかならぬ英文法であった。

10.12　抽象的思考訓練の具としての英文法

　「実用的価値」とならび、「教育的価値」（あるいは「形式的価値」）という概念じたい、もとはといえば教育学のものであったから、まずはこの学問においてこの概念がどのように定義されていたのかを確認しておく必要がある。

　『教育学精義』(1906) の著者であった森岡常蔵・東京高等師範学校教授は、知育に伴う「形式的方面の陶冶とは畢竟心の働きを付けること、之を詳に説けば、その材料に依って感覚を錬磨し、観察を精緻にし、記憶・想像を確実にし、概括・判断を正当」にすることであると述べていた（森岡常蔵『教育学精義』1906 年）。

　少々わかりにくいが、つまるところ学校教育の場では、各科特有の知識技能を素材とし、それを綿密に観察させたうえで、その一般的法則の抽出を伴う抽象的な思考訓練が施されるべきものとされていた。いいかえれば「教授」の対象となる具体的な題材や事物から離れ、学習者をして抽象的な思考と統合の世界へと誘うことが教養や知性の涵養につながるものとされていたのである。

　この種の思考訓練は例えば理化学科や博物科をはじめ、歴史科や地理科においても認められていた。例えば、小学校の理科について、東京高等師範学校の棚橋源太郎は次のように言及している。

　　知的方面の形式的陶冶を申し述べます、それは主として観察思考の修錬であります、先づ観察の修錬の方から申しますと理科の教授は自然物の性質形状自然の現象実験の経過などを観察させることに依って感官の作用を鋭敏にし、また種々な事実現象を比較させることに依って弁別の力を強くし此の種類の仕事を常に繰り返えして行けば遂には事物の上に深い注意を注いで精密に観察することの習慣が養われるの

191

である［中略］理科の材料は小学校程度の子供に対しては深い趣味と
十分な注意とを以て観察させるのに適して居るのである次に理科の教
授は単に観察に止らないで思考の修錬にも適して居るのである然らば
どういうことに依って思考が修錬されるかというと、自然物は唯だ観
察をさせたばかりではいけない、更に各種の見点からして分類をさせ
て知識に系統を与えなければならぬ、必ずしも自然分類だけには限ら
ないで、実際生活上への応用とか人世に対する利害とか或は其の所在
の場所とか或は其の食物の種類とかいう様に色々な見点から観察した
ものを彙類し系統立てさせなければならぬ、斯う云う類の仕事は理科
の教授では最も大部分を占めて居るのである、単に自然物だけに止ら
ないで観察させた現象は更に之れを比較させて理法に帰納させ法則に
概括させなければならぬ

（棚橋源太郎『文部省講習会 理科教授法講義』1903年）

　英語科の責任者であった岡倉由三郎も上述の原則を理解していた。彼は
自著である『英語教育』のなかで2種類の「教育的価値」を認めたが、こ
のうちの1つはただいま紹介した抽象的思考力の育成に関することであっ
た（もう1つの内容については後述）。
　すなわちこれは、岡倉自身の言葉を借りれば、「言語上の材料、即、語
句の構造、配置、文の連絡、段落等を究めて、精察、帰納、分類、応用等
の機能を錬磨し、且つ従来得たる思想発表の形式、即、母国語の外に、更
に思想発表の一形式を知り得て、精神作用を敏活強大ならし」めることで
ある（岡倉由三郎『英語教育』1911年）。
　「英語教育」の「中心点」は「読書」であるから、ここでいう「言語上
の材料」は主として「読本」から提供されることになる。つまり「読本」
に盛り込まれた英文の言語こそが、学習者の直接的な観察対象になるとい
うことである。
　そのうえで先ほど紹介した、帰納的な文法「教授法」が実践されること
で、学習者はおのずと眼前の英語それじたいを相対化できる（しかも比較
的身近な「国語」の世界では意識することなく、また味わうこともない）、
抽象的な思考や解析、法則の世界へと導かれることになる。

　このような感覚的ではない方法こそ、人間の知性や教養の練磨につながることを認識していた岡倉は、「所謂外国語の修養的方面、即ち思考力の精確を図り、注意力を発達せしめ、類推の力を養う等の事柄は、文法教授の際には、最も其機会の多きもの」とし、「教師たる者は、常に此等の点に留意し、文法上の事実を授くると共に、此等心的作用の鍛錬をも、勉めて行わねばならぬ」としたのであった（岡倉由三郎『英語教育』1911年）。

　英文法はこうして学習者の思考力を養成するための手段の1つとなった。これは、英文法が英（言）語の知的な面白さを伝える手段の1つになったことを意味する。英文法に触れることで英語が「好き」になり、結果としてその学習への起爆剤を与えられた者もいたであろうことは想像に難くない。

10.13　「国語」・「国文法」への省察をもたらす具としての英文法

　英文法の学習を通じて抽象的なメタ言語の世界に立ち入ることは、必然的に「国語」（言語一般）や「国文法」への省察（ひいては「国民」意識の育成）を伴うものである。

　事実、「教育」の場における英文法（英語）と「国文法」（「国語」）との連携の可能性については、すでに1909（明治42）年の時点で、溝淵進馬・

図 10-5　『小學國語讀本：尋常科用 巻 1』（1933 年）

東京高等師範学校教授が次のように指摘していた。

　　普通教育を施す学校に於ては一教科の教授を終った後に始めて他の
　教科の教授に移ると云うことは出来ないのである。どうしても数教科
　を同時に並行して教授せんければならぬ。其結果として生徒の観念界
　に互に関係を有って居ない数多の孤立的知識を注入して、生徒の思想
　を掻き乱すようになる虞がある［中略］然らば数教科を並行的に教授
　して而も生徒の思想界を掻き乱さないようにする為には、どう云うよ
　うにすべきのであるか。［中略］各教科の連絡を計る為に教授細目を編
　製しても、若し教師が一教科に関する知識丈けを有って居って、外の
　教科に関する知識を欠いて居ったならば、各教科の連絡を計ることは
　出来ない。例令英語教師に国語の素養がないときには、英語の文法を
　教えるときに之れを国語の文法と比較して教えることが出来ない。又
　英文を適当なる正しい日本文に訳することが出来ない。それであるか
　らして英語教師は英語に堪能であるばかりでなく、又国語に関する知
　識も有って居らなければならぬ。そうして国語の文法を教える場合に、
　之れを英語の文法に比較して教えるときには大いに生徒の理解を助け
　ることが出来る。　　　　　　　　　　（溝淵進馬『教育学講義』1909年）

　溝淵の同僚で「国語」学者でもあった岡倉も同様の視点から教科間の
「連絡」と「統一」を説き、また、英語教師が「国語と漢文に就きても能
く之を比較の基と成す」ことをもつとに期待していた（岡倉由三郎『外国語
教授新論』1894年、柾木貴之「国語教育と英語教育の連携前史──明治期・岡倉由三郎
「外國語教授新論」を中心に」）。さらに、彼自身、「英語教育」を通じて「国
語」への注意を（そのナショナルな意識と連動させて）喚起していたこと
もすでに紹介した通りである。
　つまり「英語教育」とは「国語教育」でもあり、「英語教育者」とは
「国語教師」の役割をも兼ねていたということである。いいかれば、英語
に傾倒するあまり「国語」や漢文を疎かにする英語教師はそもそも「英語
教育者」ではないのであり、さらにいえばすこぶる植民地人的なのである。
岡倉自身の言葉を借りれば、「若し夫れ、日本人にして、日本語や漢文の

背景なしで、英語に通じた人があったなら、夫れは日本語を知らぬ西洋人にすぎ」ず、「私は英語も知って貰い度いが、夫れ以上に日本語に通じて貰い度い」のである（澁谷新平「英語大家歴訪録〔一〇〕東京高等師範学校教授 文部省英語科視学委員 岡倉由三郎氏」1916 年、下線は引用者）。

英米人のコピーや植民地（知識・エリート）人を作るのではない「英語教育」、いいかえれば日本の独立と団結の象徴たる「国語」の教育をも兼ねる"対抗・超欧"型「英語教育」では、英文法もまた「国文法」あるいは「国語」への省察とその錬成をもたらす具として位置づけられた。これは、もはや英文法がそれじたいとして、すなわち「英語学」的に論じられるべき対象ではなかったことを意味する。

逆にいえば、現在、教育に関わる「学習英文法」が「国語教育」への顧慮なしに論じられることに大した違和感がなくなったことじたい、英語関係者における「国語」や、漢学といった伝統的教養からの断絶を示しているのかもしれない（渡部昇一『教養の伝統について』）。

こうなると漢学の伝統と不可分であった「英学」、およびそこから派生し、「国語」や漢文と不可分であった「英語教育」は、もはや現代において通用しないということになる。これは、同じく現代において、国語や教養、国民、国家、日本、日本人、日本語、民族、エリート、伝統などの概念が解体され、ときにタブーとされることを考えれば、一層現実味を帯びてくるであろう。

10.14　文化創造型教養主義語学の体制としての「英語教育」

かつての日本に存在した「英語教育」は、本章で述べてきた、言語的題材を用いた思考力の陶冶や「国語」への省察のみによって完結するものではなかった。それは、同じ言語的題材が盛り込む内容による思想面の陶冶を伴うものでもあった。

岡倉は後者に伴う「教育的価値」を次のように表現している。「見聞を広めて固陋の見を打破し、外国に対する偏見を撤すると共に、自国に対する誇大の迷想を除き、人類は世界の各処に、同価の働を為し居ることを知らし」めることであると（岡倉由三郎『英語教育』1911 年）。

　すでに述べたように、英文法は、英語そのもの（'English'）と「国語」の両者を相対化できる、すなわち両者の中間に位置づけられるメタ言語体系であったが、これを「教育」の具として操る「英語教育」者にも同じく、「外国」と「自国」の両者を相対化し、その中間に立つ者としての認識の地平が開かれていたことがここからもうかがえる。

　こうして、内容面と言語面を両輪とする「英語教育」体制が始動した。これは国家の防衛と強化の動機と連動したものであり、そのなかではエリート教養人としてふさわしい、（「英文学」作品等の）高度な内容を含む英文を、その発音に留意しつつ、文法的に、かつ最終的には「国語」で読み解く作業がしばしば行われたことは想像に難くない。そして、これに伴う、言語面と内容面にわたる複雑な解釈と思考の活動（さらには岡倉の場合、題材に関連した雑談やその生き方そのもの）が、学習者の人間形成、さらには「国民」としての文化的創造力養成のために活用されたのである。

　ナショナルな利益を追求する「英語教育」のこうした構造が戦前昭和期から戦後直後にいたるまで受け継がれていたことは、弟子の福原麟太郎による以下の言及からもうかがえる。

　　英語を感じ、それを通じて、英米の精神事物を正しく見て理解する。そしてその長所を取って、わが国の短を補い、わが国の成長に資する、というのが英語を知っている人の、国に奉ずる道、つまり国へのserviceではないでしょうか。

　　　　　　（福原麟太郎『英語を学ぶ人々の為に（発音と綴字から）』1946年）

　[英語教育の—引用者注] 一つの効能は言語意識の陶冶であって、他国語を学ぶことにより意識的にその構造と性質とを考えることから（外国語は成人の学習の場合、絶対に無意識に記憶し運用することは出来ない）自国語の構造と性質との比較を生じ、自国語に対する従って言語というものに対する意識を鋭くする。（只一つの言語をのみ守るものにはこの意識は生じ難い。）

　又一つは文化的世界中心の陶冶であって如何なる幼稚なる英語と雖もそれは英語を用いる自国人即ち英国人（ひいてはヨオロッパ人）の

生活を直写しているものである。故にこれを学ぶことに依り英国人の
精神生活を、従っ[ママ] その文化生活を（ひいてはヨオロッパ人のそ
れを）その本真の姿に於て理解するに至ることである。

（福原麟太郎「英語教育の価値」『中等教育』1928 年）

　私は先生［岡倉由三郎のこと─引用者注］がいつも我々に語られた言葉
を想起する。「西洋人は西洋人の教養の上に立って文学を書き学問を
しています。日本人は日本人の教養という踏台の上に立って、その文
学を読み学問をするのでなければいくら背伸びをしたって追っ付かな
い。」──こちらも西洋の教養という踏台の上に立って居ればよいで
はないかという抗弁が成り立つ。然しそれは、概して身についていな
いものである。自分の生れついた国の教養でなければ物を言わないも
のである。そして今急に日本人が西洋の教養を土台から作ってゆくと
いうことは不可能である。日本の言葉の本当の味の解る人にでなけれ
ば、西洋の言葉の細かな味が味わえるものではないのである。

（福原麟太郎『英語教育論』1948 年）

　岡倉・福原的な「英語教育」の思想は、その後外山滋比古（1923〜
2020）や渡部昇一（1930〜2017）らによっても受け継がれていくことはよ
く知られている。そのうち、後者の渡部は英語学をはじめとする広範囲に
渡る活躍を見せながら、とくに伝統的な規範英文法に関心を寄せたので
あった。

終章　おわりに
——中間的メタ言語となった「学習英文法」

　筆者が学生時代に行った学問の成果をちょっとした読み物に仕立て直してみた。一般向けの読み物であるから引用文献は最低限に留めたうえに、職業的で専門主義的なトリヴィアリズムに陥ることのないようにも心がけたつもりである。いいかえれば、本書は、読者となっていただける方々が知識の量を増やすのではなく、むしろそうした知識を関連づけながら日本の英文法史を統一的に理解できる筋道を作るための一助となることを目指したということである。

　本書では英文法という小さな窓から、「英学」、「英語教授」、そして「英語教育」が成立するまでの歴史を眺めてみたが、そこから見えてきたものは、国民国家形成期の日本語・「国語」圏による、外来物への強力な同化力、およびそれに伴う異種同士のぶつかりあいのなかから生まれた創造力である。これは日本が英米に学びつつも、それによる植民地化を防ぎ、彼らを乗り越えていくことを目指す、当時の英語関係者たちのアンビヴァレントな志に裏づけられたものであった。

　現代のわれわれが学ぶ「学習英文法」は、もとはといえば外来物であった。象徴的な言葉でいえば、それは 'English grammar' として輸入されてきた。しかし、これはそのままのかたちで受容されずに「作り変え」られ、最終的に日本語・「国語」圏のなかにとり込まれた。このとき、'English grammar' は、新しく創造された「英文法」となった。

　'English' と「国語」のあいだに存在し、両者を相対化できるメタ言語として位置づけられた「英文法」は、単にスキル面において役立てられただけではなかった。それは、'English' が日本国内にダイレクトに流入することを防ぎ、かつ「国語」圏に生きる人間たちの思考訓練や、「国語」（あるいは言語一般）への省察をもたらすための手段となった。もともと英米の所有物であった英文法が、今度は英米を制し、日本の独立と文化的発展をもたらすための武器として活用されたわけである。

　敵国研究に由来する「英学」の伝統を継承した日本語・「国語」圏が見せた、これほど強力でしたたかな戦略を考えると、「英語教育」のもう1つの支柱となった英文学についても（少なくとも本書の考察対象年代期において）同じような力が働いたのではないかと思えてくる。

　すなわち、英文法も英文学も日本語・「国語」圏との接触を通じて、その伝統が活かされつつもオリジナルなものに作り変えられ（この文脈のなかで、夏目漱石の『文学論』［1907］や斎藤秀三郎のイディオモロジーといった世界的な業績が生み出されたことは注目されてよい）、制度化された「教育」にとり込まれることで、結果的に日本の植民地化を防ぎ、「国民」の知性と文化の発展のために役立てられた可能性が高いのである（一方でこれは、英文学などを通じてどんなに英米思想・文化が移入されようとも、それは決して徹底されないことをも意味する）。

　「英語教育」は、英語をダイレクトに、模倣的に受容することが国防上危険であり、また文化的にも不毛であることを見抜いていた。外来物をコピーするのではなく、そこから新しいものを生み出し、乗り越えていくためには、それに刺激をもたらす異質物が必要である。本書が扱った「幕末・明治」という時代においては、それが日本という国民国家であったわけである。

　最後に、本書で扱われた歴史について、現代の英語教育関係者がどのような関わりを見出し、その生き方に反映させることができるのかという問題に挑戦してみたい。ただし筆者自身、現代の「英語教育研究」業界にコミットしているわけではないうえに、読者の方々が本書を通しておのずと現代と将来への考察を深められるであろうから、ここでは筆者が注目していることを1つだけ述べて本書の結びとしたい。

　すでに繰り返し述べてきた通り、日本で作られた「英文法」とは、'English' と「国語」のあいだに位置づけられる中間言語であった。そして、この「英文法」を「教育」の手段として操る「英語教育」者も同様に、両言語圏のあいだに立つ中間者・文化的調和者であった（したがって、彼らは 'English' を文字通り身につけ、その運用そのものを専門とする技術者である必要は必ずしもなく、むしろその説明と解釈というメタ言語界に

生きる人間教育者であった。また、彼らは「国語」教師を兼任することもできた)。

　しかし、ここでいう「中間者」とは、決して「中立者」であったことを意味しない。すでに見てきたように、「英語教育」は最終的に「国語」圏・日本に貢献するための枠組みであった。この背景には当時における特殊な時代状況があり、さらに当時と今とでは状況が大きく異なる以上、「英語教育」をそのまま現代にも適用しようとするのは理念的にも現実的にも困難である。

　しかしだからといって、われわれが「英語教育」を過去の遺物として捨て去り、もっぱら新時代の「革命」や「改革」に向けて合理的・暴力的に「前進」しつづけるべきなのかというと、少なくとも筆者はいまのところそのような価値観を持っていない。むしろ懐疑的である。

　周知の通り、現代においては、かつての「国語」志向がおよそ100年の時を経て反転し、'English' を（ときにおぞましいほど急進的に）志向する英語教育（≠「英語教育」）になってきている。そこからは、従来存在したはずの中間性・メタ性（これじたい、英語をめぐる政治的社会的意識と不可分であった）が排除される傾向があり、したがって思考・思想なきスキル・トレーニング／エンターテインメントになっている（あるいは、少なくとも筆者はそのような印象を持っている）。

　しかし、「国語」にせよ 'English' にせよ、どちらか一方に集中し、取り込まれ、一辺倒になってしまえば、上記のようなスキル主義へ堕してしまう可能性が開かれるほか、それらによる排他性や社会的差別（さらに 'English' 没入型の場合、植民地化）を生んでしまうことにもなる。

　これを防止するためには、日本の土壌で生み出された、しかも実業界が求める実用スキル主義に対抗するかたちで生み出された「英語教育」を通して歴史的に培われてきたはずの英語教師の生き方、とりわけ「国際共通語」としての利便性や言語道具観、さらには商業的利害等から誰もが一家言できることにより暴走しかねない 'English' から一定の距離をとり、一度立ち止まることを可能にさせる中間者としての生き方そのものを伝統化してみることも、1つの可能性としてあり得るのではないかと筆者は考えている。

　そして、(「安住」する場所から離れた) 中間性そのものが要請する知的緊張とそれに伴う創造性や人間形成性、さらに何よりもそれがいずれの言語をも相対化し得ることと連動した社会的認識の地平や文化的調和への道筋を開いていたことを再評価し、これをあらゆる人間集団やことば・文化への尊重と寛容の精神、いいかえれば多言語主義的価値観と連動した人間教育へとつなげていく可能性を、英語教師の生き方に貢献し得る専門的・科学的知見を選択・援用しつつ模索するのである (これを現代の文脈で実践するとすれば、'English' 一元主義と自由競争・優勝劣敗の価値観でもって迫りくる、そしてすこぶるジャンクでニヒルな「グローバル・コミュニケーション」スキルトレーニングを英語教師がその機会を活用しつつ「作り変え」てしまうということでもある)。

　この意味で、「英語教育」の創設者である岡倉由三郎が、自らの思想を語るなかで、おのずと「人類」への認識へと到達していたことは重要であろう。彼の日本型ナショナリズムは、「人類」の共生への道筋を開いていたのである。主著である『英語教育』で述べられた「教育的価値」の1つを再度引用しておく。

　　見聞を広めて固陋の見を打破し、外国に対する偏見を撤すると共に、
　自国に対する誇大の迷想を除き、人類は世界の各処に、同価の働を為
　し居ることを知らしむる

あとがき

　大学院生活の終わりが見えてきた2013年、筆者は東京海洋大学に奉職した。

　勤務が始まるとまもなくして、それまで従事していた「文系」の分野ではなく、船舶工学や舶用機関工学、船上ビジネス英会話に関心と専門を変更するように指導をいただいた。すなわち従来の英学史・英文法史研究とは袂を分かち、実業界に直接貢献できる分野に転向することが要請されたのである。

　爾来、自らがかつて選んだ分野に関する学究活動を行うことは一時的に困難になった。しかし数年という時間を経ても、歴史学をはじめとする学問を愛する己の心に変わりはなかった。学問をすることそれじたいを諦めることはどうしてもできなかった。

　このように考えると、どうやらこの学問は自らにとっての「道」であったに違いない。自らの「道」であったということは、この学問は自らの魂の切実な要求にもとづいていたということを意味する。いいかえればそれは自らの具体的な生き方に直結するものであったということである。

　じつは数年にわたるこうした試練を経て生み出されたのが本書であった。本書の企画について元研究社編集部の高野渉氏からお話を頂戴したのは2020年のことであった。大変うれしいことに、当時においてもまだ筆者の心中には「文系」の学問を愛する気持ちが生きていた。また、英学史・英文法史研究への興味も失っていなかった。その知識も程なくして蘇ってきた。それは文字通り自らの身についていたといえる。

　その後執筆期間に入るなかで、高野渉氏をはじめ、編集部の津田正氏、髙橋麻古氏からも折に触れて貴重なアドバイスをいただいた。図版や全体の構成等について打ち合わせを重ねるなかで、まさに本づくりの奥義のようなものを感じることができた。ここに厚く御礼申し上げる。

　また、本書を執筆することを可能にしてくれた数々の学恩にも言及したい。まずは日本英学史・英語教育史研究において、貴重な研究を地道に積み重ねてこられたすべての先学に感謝したい。なかでも、学生時代から事

実上の指導教員となってくださった小林敏宏先生（拓殖大学）にはなんと御礼申し上げてよいか、適当な言葉が見つからない。「学問」を文字通り体現しておられる先生が、その類い稀なる学識を通して静かに指摘されてきた数々の視点や論点は、本書全体を貫く視座を与えてくれている。

くわえて、拙い原稿を読んでくださった元ゼミ生で作家の秦大地氏にも感謝したい。秦氏とは当初指導教員と学生という間柄で交流が始まったが、その学識の豊富さ、そして何よりも学問そのものへの真摯な姿勢には私自身が学ばせていただいている。今後とも私のことを教員などとは思わずにご指導いただければ幸いである。

このほか、コロナ禍にもかかわらず、図書を研究室にまでお送りいただいた昭和女子大学図書館にも感謝したい。

もとより科学的研究など、虚しいものである。それは人生の肝心な問題には答えてくれない。また往々にしてそれを職業化する人々を物事の本質から遠ざけるうえに、争いの世界に引き込む契機となる。

しかし筆者はこの有限の人生を生きる悦びを、人類が生み出した英知を愛し、そのために自己を捧げつくすことをきっかけとして悟得することができた。この経験は何物にも代えがたいものであり、今後可能であれば同じ精神を持った若い世代の方々が一人でも多く現れることを願いつつ、あとがきとしたいと思う。

2021年12月　静養先の湯河原にて

斎 藤 浩 一

参考文献

蘆川生「商家実務としての英語活用法」『実業之日本』第 8 巻第 14 号、1905 年

安部磯雄「中学制度と英語教授」『太陽』第 12 巻第 5 号、1906 年

天野郁夫『学歴の社会史──教育と日本の近代』新潮社、1992 年

イ・ヨンスク『「国語」という思想──近代日本の言語認識』岩波書店、1996 年

飯田義一「新覚悟を要す可き本年度の学校卒業生」『実業之世界』第 6 巻第 7 号、
　1909 年

五十嵐睦子・山本美保子「F. ブリンクリ」昭和女子大学近代文学研究室『近代文学
　研究叢書』第 13 巻、昭和女子大学光葉会、1959 年

『英吉利文典』開成所、第 6 版、1867 年

生田長江『英語独習法』新潮社、1910 年

石橋幸太郎『書斎随想』吾妻書房、1968 年

石原千里「『英吉利文典』（木の葉文典）各版について」『英学史研究』第 41 号、
　2008 年

イーストレキ、F. W.「高等英文典講義」『日本英学新誌』第 1 号、1892 年

磯辺彌一郎「戦後の英学者」『成功』第 7 巻第 4 号、1905 年

井田好治「英文法訳語の発達──特に八品詞を中心として」九州大学教養部言語研
　究会『言語科学』第 2 号、1966 年

井田好治「文化年間における長崎の西洋（蘭・仏・英）文法論」九州大学附属図書
　館付設記録資料館九州文化史資料部門『九州文化史研究所紀要』第 12 号、1967
　年

井田好治「日本英学の源流──長崎における英語研究のはじめ」九州大学英語英文
　学研究会『英語英文学論叢』第 20 集、1970 年

一記者「名家歴訪録 第一 学習院教授 熊本謙二郎先生」『英語の日本』第 3 巻第 10
　号、1910 年

井出鐵造「如何にして外国語に熟達すべきか」『実業界』第 3 巻第 6 号、1911 年

伊藤裕道「文法事項の史的検討（その 1）── Sense Subject 及び *the way how*」
　『日本英語教育史研究』第 12 号、1997 年

伊藤裕道「「無生物主語の構文」の史的検討──英語教育の視点から」『佐野国際情
　報短期大学研究紀要』第 9 号、1998 年

伊藤裕道「現在分詞と動名詞（-ing form）──文法事項の史的検討（4）」『日本英

語教育史研究』第 14 号、1999 年

伊藤裕道「英文法教育の歴史と大学における英文法教育の今日的課題」拓殖大学言語文化研究所『語学研究』第 102 号、2003 年

岩崎民平「経験の現在完了」『英語青年』第 67 巻第 2 号、1932 年

岩永省一「実業界は如何なる青年を求むる乎」『実業之日本』第 8 巻第 12 号、1905 年

岩永省一「実務的教育の欠乏」『実業之日本』第 9 巻第 16 号、1906 年

宇賀治正朋『英文法学史』非売品、2012 年

牛中山人「文法倒れ」『東洋経済新報』第 423 号、1907 年

「英学時評」『中外英字新聞研究録』第 4 巻第 16 号、1897 年

「英学者苦心談（一）」『中学世界』第 6 巻第 9 号、1903 年

「英学者苦心談（六）──磯辺彌一郎君」『中学世界』第 6 巻第 16 号、1903 年

「英語教授法問題」『教育界』第 6 巻第 11 号、1907 年

「英語教授問題」『東京朝日新聞』1907 年 8 月 19 日付朝刊 4 面

「英語の学習を奨励すべし」『読売新聞』1895 年 5 月 29 日付朝刊 2 面

「英語の研究に就いて」『華陽』第 49 号、1910 年

「英文法之一節」『中外英字新聞研究録』第 4 巻第 8 号付録、1897 年

江川泰一郎『英文法解説』改訂三版、金子書房、1991 年

大阪府立北野高等学校校史編纂委員会編著『北野百年史──欧学校から北野高校まで』北野百年史刊行会、1973 年

太田英隆編『男女学校評判記』明治教育会、1909 年

大塚高信編『英語文献翻刻シリーズ 第 13 巻 Robert Lowth. *A Short Introduction to English Grammar*. James Buchanan. *The British Grammar*』南雲堂、1968 年

大塚高信編『英語文献翻刻シリーズ 第 19 巻 Lindley Murray. *English Grammar adapted to the Different Classes of Learners*. モルレイ氏著 英吉利小文典』南雲堂、1971 年

大塚高信・寺澤芳雄編『英語文献翻刻シリーズ 第 8 巻 John Brightland. *A Grammar of the English Tongue*. A. Lane. *A Key to the Art of Letters*. Thomas Dyche. *A Guide to the English Tongue*』南雲堂、1970 年

大槻文彦「和蘭字典文典の訳述起源」西川政憲編『中学新式勉学要訣』大学館、1902 年

大村喜吉『斎藤秀三郎伝──その生涯と業績』吾妻書房、1960 年

大村喜吉・高梨健吉・出来成訓編『英語教育史資料 第 5 巻』東京法令出版、1980年

岡倉由三郎『外国語教授新論』開発社、1894 年

岡倉由三郎「本邦の中等教育に於ける外国語の教授についての管見」メリー・ブレブナ著・岡倉由三郎訳『外国語最新教授法』大日本図書、1906 年

岡倉由三郎「語学教授法に就きて」『内外教育評論』第 2 号、1907 年

岡倉由三郎「英語教授法一斑」中等教科研究会編『中等教育教授法 上巻』育成会、1910 年

岡倉由三郎『英語教育』博文館、1911 年

岡倉由三郎講述『岡倉先生 初等英語講話』第 7 版、研究社、1936 年

岡倉由三郎監修・荒木秀一著『近代劇物語』第一巻、大日本図書、1913 年

岡田和子『江戸および明治期の洋語学における文法用語の比較研究──和蘭語・英語・独逸語をめぐって』博士論文、筑波大学、2006 年

落合儀郎「鞭影」『中等教育』第 18 号、1913 年

小圃立二・内海靖編『新定図画教授の栞』英華堂、1910 年

「外国語教授法改革の急要」『教育時論』第 590 号、1901 年

「外国語の必要」『時事新報』1895 年 6 月 16 日付 4 面

「会読」『青年』第 10 巻第 9 号、1903 年

「蚊ばしら」『英語の日本』第 1 巻第 7 号、1908 年

上條辰蔵「英語修学法」『中学世界』第 15 巻第 4 号、1912 年

川嶋正士『「5 文型」論考── Parallel Grammar Series, Part II の検証』朝日出版社、2015 年

川澄哲夫編『資料日本英学史 1 上 英学ことはじめ』大修館書店、1988 年

川澄哲夫編『資料日本英学史 2 英語教育論争史』大修館書店、1978 年

「閑々録」『東京朝日新聞』1902 年 8 月 25 日付朝刊 6 面

神田乃武 'English in Middle Schools'『太陽』第 2 巻第 4 号、1896 年

神田乃武 Higher English Grammar 第 6 版、三省堂、1902 年

岸本能武太『中学教育に於ける英語科』文部省、1902 年

「記者と読者」『成功』第 4 巻第 5 号、1904 年

木村良吉述『図画教授法』静岡県師範学校、1903 年

「教育を商売にする斎藤秀三郎（其一）」『東京エコー』第 2 巻第 10 号、1909 年

「教育を商売にする斎藤秀三郎（其二）」『東京エコー』第 2 巻第 11 号、1909 年

キンモンス、E. H. 広田照幸他訳『立身出世の社会史——サムライからサラリーマン
へ』玉川大学出版部、1995 年

熊谷五郎編『教育学』第 4 版、博文館、1909 年

倉崎仁一郎「英語教授新論（一）」『教育時論』第 806 号、1907 年

「倶楽部」『青年』第 10 巻第 4 号、1903 年

『慶應義塾読本 ピ子ヲ氏原板英文典』初版、尚古堂、1870 年

「現代就職案内——銀行会社員」『成功』第 6 巻第 1 号付録、1905 年

健闘生「職業問題に対する十五大家実験教訓」『実業之日本』第 8 巻第 21 号、1905
年

「講述」『日本英学新誌』第 64 号、1894 年

工部大学校 *Catalogue of books, contained in the Library of the Imperial College of
Engineering, (Kobu-Dai-Gakko), Tokei* 1880 年

後藤牧太「三十年前の慶應義塾」『教育時論』第 635 号、1902 年

小西重直『学校教育』博文館、1908 年

小林敏宏「言語文化地政学の中に見る日本型「英語教育」のかたち」拓殖大学人文
科学研究所『人文・自然・人間科学研究』第 23 号、2010 年

小林敏宏「英学思想史への一視角——兵学と英米地域研究の弁証法的変容に関する
考察」拓殖大学人文科学研究所『人文・自然・人間科学研究』第 26 号、2011 年

小林敏宏「非英語圏日本の言語空間における＜英語＞概念の「特殊性」について」
拓殖大学人文科学研究所『人文・自然・人間科学研究』第 44 号、2020 年

小林敏宏・音在謙介「「英語教育史学」原論のすすめ——英語教育史研究の現状分
析と今後の展開への提言」拓殖大学人文科学研究所『人文・自然・人間科学研
究』第 17 号、2007 年

小林敏宏・音在謙介「「英語教育」という思想——「英学」パラダイム転換期の国
民的言語文化の形成」拓殖大学人文科学研究所『人文・自然・人間科学研究』第
21 号、2009 年

斎藤浩一『＜学校文法＞の論理：その成立の過程と要因』修士論文、東京大学大学
院総合文化研究科言語情報科学専攻、2009 年

斎藤浩一『明治時代における英文法教育史の研究』博士論文、東京大学大学院総合
文化研究科言語情報科学専攻、2014 年

斎藤浩一・小林敏宏「国民国家の英学とその変容過程に関する研究」日本英学史学
会第 50 回全国大会発表資料、2013 年

斎藤秀三郎 *English Conversation-Grammar* 初版、興文社、1893 年

斎藤秀三郎 *Practical English Grammar*（全 4 巻）初版、興文社、1898 ～ 99 年

斎藤秀三郎 *Practical English Lessons, No. 2 (Fourth Year)* 訂正再版、興文社、1901 年

斎藤秀三郎『英文法初歩 *English Grammar for Beginners*』訂正再版、興文社、1901 年

斎藤秀三郎 *Advanced English Lessons* 第 3 版、正則英語学校出版部、1934 年

斎藤平治『英文法講義』初版、有明堂、1891 年

西片学人「英語熟達の秘訣」『学生タイムス』第 9 号、1906 年

佐川春水「『日英縁結』」『英語の日本』第 1 巻第 1 号、1908 年

佐川春水「所謂 S.E.G. System.」『英語の日本』第 2 巻第 5 号、1909 年

崎山元吉『英語教授書 第一巻』第 8 版、崎山敏輔（出版人）、1899 年

崎山元吉『英語教授書 第二巻』初版、崎山敏輔（出版人）、1894 年

桜庭信之他編・福原麟太郎監修『ある英文教室の 100 年：東京高等師範学校・東京文理科大学・東京教育大学』大修館書店、1978 年

「雑録」『英語青年』第 13 巻第 10 号、1905 年

佐藤昌介・植手通有・山口宗之校注『日本思想体系 55 渡部崋山 高野長英 佐久間象山 横井小楠 橋本佐内』岩波書店、1971 年

佐藤顕理『英語研究法』文聲社、1902 年

佐藤顕理「英文法瑣談（一）」『中学世界』第 6 巻第 14 号、1903 年

「五月蝿」『英語の日本』第 2 巻第 6 号、1909 年

澤柳政太郎『実際的教育学』同文館、1909 年

「質疑応答」『英語青年』第 13 巻第 18 号、1905 年

『実業之日本』第 17 巻第 1 号、1914 年

『実業之日本』第 17 巻第 7 号、1914 年

澁谷新平「英語大家歴訪録〔一〇〕東京高等師範学校教授 文部省英語科視学委員 岡倉由三郎氏」『英語の日本』第 9 巻第 4 号、1916 年

澁谷新平編『英語の学び方』大阪屋号書店、1918 年

下條直幹「子供の言葉と語学の練習」『商業界』第 6 巻第 2 号、1906 年

荘清次郎「三菱会社は如何にして社員を採用するか」『実業之日本』第 10 巻第 14 号、1907 年

白石元治郎「理想的実業家と教育制度の刷新」『実業之日本』第 9 巻第 17 号、1906年

「新刊案内 新語学独案内」『英語青年』第 21 巻第 12 号、1909 年

菅沼岩蔵 *Primary English Grammar for Japanese Students*（『初等英文典』）第 13版、三省堂、1899 年

杉浦茂夫『品詞分類の歴史と原理』こびあん書房、1976 年

杉本つとむ『英文鑑——資料と研究』ひつじ書房、1993 年

「青年倶楽部」『青年』第 6 巻第 20 号、1902 年

高楠順次郎「実業界に於ける外国語の必要」『東京教育時報』第 16 号、1902 年

高橋新吉・前田献吉・前田正名編『和訳英辞書』American Presbyterian Mission Press, 1869 年

高橋英夫『偉大なる暗闇——師 岩元禎と弟子たち』新潮社、1984 年

田所美治編『菊池前文相演述九十九集』大日本図書、1903 年

田中克彦『ことばと国家』岩波書店、1981 年

田中文蔵「我会社は如何なる卒業生を採用するか」『実業之日本』第 10 巻第 13 号、1907 年

棚橋源太郎『文部省講習会 理科教授法講義』宝文館、1903 年

チェンバレン、B. H.『英語変格一覧』初版、一貫堂、1879 年

「中等学校ニ於ケル英語教授法調査委員報告」『官報』第 7668 号、1909 年

辻本雅史『「学び」の復権——模倣と習熟』岩波書店、2012 年

津田仙「洋学の伝来」『英文新誌』第 1 巻第 4 号、1903 年

筒井清忠『日本型「教養」の運命——歴史社会学的考察』岩波書店、2009 年

寺西武夫『英語教師の手記』吾妻書房、1963 年

戸川秋骨「高等学校の英語問題に関して当局の一読を煩はす」『太陽』第 13 巻第 14 号、1907 年

外山滋比古『外国語を考える』ELEC 出版部、1972 年

外山正一『英語教授法』大日本図書、1897 年

豊田實『日本英学史の研究』岩波書店、1939 年

中尾精一「中学校の英語科について」『教育学術界』第 16 巻第 6 号、1908 年

中尾精一「中学校の英語科に就て」『教育学術界』第 17 巻第 1 号、1908 年

中尾精一「中学校の英語科に就て」『教育学術界』第 17 巻第 2 号、1908 年

中垣兵次郎『手工科教授指針——毎時配当』研成会、1904 年

中野好夫「直言する」『英語青年』第 88 巻第 2 号～第 88 巻第 9 号、1942 ～ 43 年

中村敬『私説英語教育論』研究社出版、1980 年

中村敬『外国語教育とイデオロギー——反＝英語教育論』近代文藝社、1993 年

西田耕三『評伝 粟野健次郎』耕風社、1997 年

野田幾三郎「中等学校に於ける英語教授法調査委員報告を読む」『中等教育』第 3
　　号、1909 年

野田義夫『明治教育史』育英舎、1907 年

「はがき集」『中外英字新聞』第 9 巻第 6 号、1902 年

「端書集」『英文新誌』第 1 巻第 7 号、1903 年

長谷川康「理屈と習慣」『英語の日本』第 9 巻第 10 号、1916 年

馬場轂里訳・杉田恭卿、高須子成録・浅越子讓校『和蘭文範摘要 巻之上』出版書
　　写年不明、1814 年版写本

早川千吉郎「三井銀行では学校出身の青年を斯うして鍛へて行く」『実業界』第 2
　　巻第 8 号、1911 年

閑人「唐人の寝言」『英語倶楽部』第 1 巻第 7 号、1911 年

平木北濤「外国語教授論」『教育学術界』第 21 巻第 5 号、1910 年

平沼淑郎「鶴峯漫談——四 幼時修学時代の巻（続）」『早稲田学報』第 428 号、1930
　　年

福沢諭吉著・富田正文校訂『新訂 福翁自伝』岩波書店、1978 年

福原麟太郎「英語教育の価値」『中等教育』第 61 号、1928 年

福原麟太郎『英語を学ぶ人々の為に（発音と綴字から)』研究社、1946 年

福原麟太郎『英語教育論』研究社、1948 年

福原麟太郎「岡倉由三郎先生」『カムカムクラブ』第 1 巻第 10 号、1948 年

『福原麟太郎著作集 9　英語教育論』研究社、1969 年

冨山房編輯所編『英文典問答』第 3 版、冨山房、1898 年

ブリンクリー、F.『語学独案内 初編』初版、印書局、1875 年

ブリンクリー、F.『語学独案内 二編』初版、日就社、1875 年

ブリンクリー、F.『語学独案内 三編』初版、日就社、1875 年

ブリンクリー、F.『新語学独案内』初版、三省堂、1909 年

「片々録」『英語青年』第 17 巻第 10 号、1907 年

「片々録」『英語青年』第 21 巻第 4 号、1909 年

「片々録」『英語青年』第 22 巻第 1 号、1909 年

堀謙徳「英語教授論」『教育学術界』第 14 巻第 1 号、1906 年

堀達「我会社は如何なる卒業生を採用せんとしつ、あるか」『実業之日本』第 10 巻第 11 号、1907 年

前田勉『江戸の読書会──会読の思想史』平凡社、2012 年

柾木貴之「国語教育と英語教育の連携前史──明治期・岡倉由三郎「外國語教授新論」を中心に」『言語情報科学』第 8 号、2010 年

町田則文「三十年前の英学私塾及び学生」『教育時論』第 635 号、1902 年

松島剛・長谷川哲治『新式英文典教科書』初版、春陽堂、1896 年

松村幹男『明治期英語教育研究』辞游社、1997 年

三木谷浩史『たかが英語！』講談社、2012 年

溝淵進馬『教育学講義』冨山房、1909 年

宮崎芳三『太平洋戦争と英文学者』研究社出版、1999 年

茂住實男『洋語教授法史研究──文法＝訳読法の成立と展開を通して』学文社、1989 年

森岡常蔵『教育学精義』同文館、1906 年

山崎貞『自修英文典』第 5 版、英語研究社、1915 年

山路愛山「ひとり言」『国民新聞』1911 年 7 月 18 日付 1 面

山住正己編『福沢諭吉教育論集』岩波書店、1991 年

林義斯徒「外国語習熟の秘訣」『商業界』第 5 巻第 6 号、1906 年

ロウビンズ、R. H. 著・中村完、後藤斉訳『言語学史』研究社出版、1992 年

渡部昇一『英文法史』研究社、1965 年

渡部昇一『英語学体系 13 英語学史』大修館書店、1975 年

渡部昇一『秘術としての文法』大修館書店、1977 年

渡部昇一『教養の伝統について』講談社、1977 年

渡部昇一『英文法を撫でる』PHP 研究所、1996 年

渡部昇一『英文法を知ってますか』文藝春秋、2003 年

Bain, A. *A Higher English Grammar* 訂正再版、三河屋書籍店、1900 年

Brown, G. *The First Lines of English Grammar* A new edition, William Wood, 1875 年

Brown, G. *The First Lines of English Grammar* 翻刻初版、六合館、1883 年

Cox, W. D. *A Grammar of the English Language for Japanese Students* Part I. 第 4 版、丸屋善七（出版人）、1884 年

Cox, W. D. *A Grammar of the English Language for Japanese Students* Part II. 初版、丸屋善七（出版人）、1881 年

Dixon, J. M. *A Handbook of English for the use of the students in the Imperial College of Engineering, Tokyo* 第 3 版、工部大学校、1886 年

Dixon, J. M. *English Lessons for Japanese Students* 初版、共益商社、1886 年

'Editorial'『英語質問雑誌』第 1 巻第 3 号、1905 年

'Editor's File'『英文新誌』第 1 巻第 11 号、1903 年

'Editor's File'『英文新誌』第 1 巻第 17 号、1904 年

'English Grammar and Composition in Middle Schools'『青年』第 1 巻第 5 号、1898 年

Nesfield, J. C. *Idiom, Grammar, and Synthesis* Macmillan, 1897 年

Nesfield, J. C. *Idiom, Grammar, and Synthesis* Macmillan, 1924 年

Pinneo, T. S. *Primary Grammar of the English Language: for Beginners* 翻刻初版、開成堂、1887 年

Quackenbos, G. P. *First Book in English Grammar* 翻刻初版、戸田直秀（出版人）、1888 年

Seymour, J. N. *Easy Grammar Lessons for Japanese Students* 第 8 版、丸善書店、1897 年

Seymour, J. N. *More Grammar Lessons for Japanese Students* 第 3 版、博聞社、1894 年

Swinton, W. *New Language Lessons: An Elementary Grammar and Composition* 翻刻 3 版、戸田直秀（出版人）、1889 年

Swinton, W. *A Grammar containing the Etymology and Syntax of the English Language* 翻刻 5 版、六合館、1893 年

Y. F. 生「斎藤秀三郎氏の談片」『英語青年』第 19 巻第 12 号、1908 年

Y. Y.「四方八方」『英語の日本』第 6 巻第 6 号、1913 年

索　引

索引は、「人名・事項索引」と「書籍・雑誌名索引」の 2 部構成。配列は五十音順。

I. 人名・事項索引

【あ】

図版提供

カバー、p.33「フェートン号図」(崎陽録) 長崎歴史文化博物館所蔵

p.29　国立国会図書館デジタルコレクション

p.37　国立国会図書館デジタルコレクション

p.51　国立国会図書館デジタルコレクション

p.56　国立国会図書館デジタルコレクション

p.64　国立国会図書館デジタルコレクション

p.65 (2点とも)　著者所蔵

p.75 (2点とも)　著者所蔵

p.77　著者所蔵

p.81『歴代首相等写真』【憲政資料室収集文書 1142】(電子展示会「近代日本人の肖像」国立国会図書館蔵)より

p.83 (3点とも)　著者所蔵

p.93 (2点とも)　著者所蔵

p.104　著者所蔵

p.107　著者所蔵

p.108　東京大学大学院工学系研究科建築学専攻所蔵

p.118『日本の英学一〇〇年　明治編』(研究社出版、1968)より

p.125　国立国会図書館デジタルコレクション

p.126『御大典記念：岩手県名士肖像録』(岩手県名士肖像録刊行会、1930) 国立国会図書館デジタルコレクション

p.133 (下)『日本の英学一〇〇年　明治編』(研究社出版、1968)より

p.137　会津若松市立会津図書館蔵

p.140　著者所蔵

p.151　実業之日本社所蔵

p.152 (左)　日本郵船歴史博物館所蔵

p.152 (右)　『男爵近藤廉平伝』(末広一雄、1926) 国立国会図書館デジタルコレクション

p.155　公益財団法人三井文庫所蔵

p.164　東洋経済新報社所蔵

p.165　生田夏樹氏所蔵

p.166　国立国会図書館デジタルコレクション

p.184『福原麟太郎著作集 11　イギリス人』(研究社出版、1968 年)より

p.193　国立教育政策研究所教育図書館貴重資料デジタルコレクション

※その他はパブリック・ドメインとみなされるものである。

著者紹介

斎藤浩一（さいとう こういち）

1983 年東京生まれ。拓殖大学政経学部准教授。東京大学大学院総合文化研究科言語情報科学専攻、博士後期課程を修了。東京海洋大学海洋工学部准教授を経て現職。専門は日本英学史。

主な業績として、「明治期後半から大正初期における英文法教育史：英文法擁護論と、「英語教育」内における理論化過程を中心に」（『日本英語教育史研究』28、2013 年）、「英語界と戦争責任・戦後民主主義：中野好夫と市河三喜の衝突（1948 年）への再解釈を通して」（『英学史研究』53、2020 年）などがある。

日本の「英文法」ができるまで

2022 年 5 月 31 日　初版発行　　2022 年 7 月 22 日　2 刷発行

著　者　**斎藤浩一**
　　　　© Koichi Saito, 2022

発行者　**吉田尚志**

発行所　**株式会社　研究社**

〒102-8152　東京都千代田区富士見 2-11-3
電話　営業 03-3288-7777㈹　編集 03-3288-7711㈹
振替　00150-9-26710
https://www.kenkyusha.co.jp/

本文デザイン　**亀井昌彦**

装丁　**金子泰明**

印刷所　**図書印刷株式会社**

KENKYUSHA
〈検印省略〉

ISBN 978-4-327-41106-0 C1082　Printed in Japan

定価はカバーに表示してあります。
乱丁本・落丁本はお取り換えいたします。
本書を無断で複写複製（コピー）することは、著作権法上の例外を除き、禁じられています。